Ellert & Richter Reiseführer

Die Elbe

von Hamburg bis zum Wendland

Hans-Dieter Reinke

Inhalt

Zeichenerklärung zu den Radtouren- und Wanderkarten

Autobahn mit Nummer

Bundesstraße mit Nummer

L212 K27 Land-/Kreisstraße mit Nummer

Wander-/Radwanderweg

Wander-/Radwanderweg, Abstecher

Bahn; Bahnhof

Start Touren-Startpunkt

Wald/Forst

Marsch

Sonstige Flächen

Bebaute Fläche

Aussichtspunkt

Touristinformation

Museum

Burg, Schloß

Grabhügel

Wassermühle

Sehenswürdigkeit

Parkplatz

AKW

Kirche

Steingrab

Windmühle

Dieser Reiseführer enthält zahlreiche Radtouren- und Wanderkarten. Um Ihnen die Orientierung zu erleichtern, haben wir in die Karten bestimmte Symbole eingefügt, die oben erläutert sind.

Eine einzigartige Natur- und Kulturlandschaft

Zu Zeiten der deutschen Teilung war die Elbe, die auf weiten Strecken durch beide deutsche Staaten floß und auf über 100 Kilometern zwischen Schnackenburg und Lauenburg selbst einen Teil der fast unüberwindlichen Grenze bildete, ein etwas in Vergessenheit geratenes Gewässer. Der Fluß mit seiner großen Vergangenheit fließt heute bei einer Gesamtlänge von 1091 Kilometern auf 727 Kilometern durch die Bundesrepublik Deutschland und ist als drittgrößter Strom Westeuropas unbestritten der Hauptfluß Nord- und Mitteldeutschlands. Brachte man die Elbe bis vor kurzer Zeit noch eher mit negativen Begriffen wie „Schadstoffbelastung“ und „Fischsterben“ in Verbindung, so spricht man heute eher vom Naturreichtum des Flusses und weist darauf hin, daß es sich um eine der intaktesten Stromlandschaften Europas handelt. Aufgrund dieser einzigartigen Auenlandschaft und der vielen Kulturdenkmäler entlang dem Fluß will die UNESCO die Elbe von der Quelle bis zur Mündung auf die Liste des Weltkultur- und -naturerbes setzen – ein interessantes und durchaus aussichtsreiches Vorhaben.

Für den Besucher vermittelt die dynamische Flußlandschaft vielerorts Naturerlebnis pur: grüne Deiche, weite Vorländer mit ausgedehnten Überflutungsflächen, aufgelockert durch Altarme, Gehölzstreifen und alte, einsam stehende Eichen, zwischen denen Graureiher und Weißstörche nach Nahrung suchen – und einige Kraniche und Scharen von Gänsen ziehen malerisch darüber hinweg. Der zu Beginn des Jahres 1998 auf niedersächsischem Gebiet ausgewiesene Nationalpark Elbtalaue, der sich etwa von Bleckede bis Schnackenburg erstreckte, wurde zwar 1999 per Gerichtsbeschluß wieder aufgehoben, aber die hohe Bedeutung der Region für den Naturschutz bleibt natürlich bestehen. Die Naturparks, zahlreiche Naturschutzgebiete und das Biosphärenreservat in der Region bezeugen den hohen Wert der Naturlandschaft der Mittelelbe, weisen aber auch auf ihre besondere Schutzbedürftigkeit hin.

Durch den Wegfall der Grenze, die bei aller Unmenschlichkeit immerhin ein einmaliges Stück Natur mit über die Jahrzehnte

Stimmungsvolle Szenerien wie hier bei Schnackenburg begegnen dem Radfahrer und Wanderer vielerorts auf den Touren durch die weite Landschaft der Elbtalaue.

gerettet hat, können wir die Elbe nun auch östlich von Lauenburg problemlos beiderseits des Stromverlaufs erkunden. Wer sich aufs Rad schwingt oder den Fluß entlangwandert, kann sich der Ruhe und Erholung gewiß sein an verträumten Steilufern, feuchten Auwäldern, in der hügeligen Landschaft des Drawehns im Wendland oder in der flachen Marsch der Lenzener Wische. Aber auch die Schifferstadt Lauenburg mit ihrer hübschen Altstadt, die Fachwerkfassaden Hitzackers und der einmalige Blick von Deutschlands nördlichstem Weinberg über die Elbe, die Löwenstadt Bleckede und die Festungs- und Burgstädte Dömitz und Lenzen laden zum Verweilen ein. Gut markierte und erschlossene Wander- und Radfahrgebiete ermöglichen Abstecher in den Naturpark „Lauenburgische Seen“, in das weite Wendland, die Altmark oder andere, etwas abseits der Elbe liegende Ferienregionen. Freilichtmuseen, Fachwerkkirchen, Kapellen und Kastelle, aber auch sommerliche Musiktage, Kunsthandwerkermärkte und Ausstellungen machen die Region ebenfalls für den Kulturinteressierten zu einem Erlebnis.
Seit den Eiszeiten prägt die Elbe nicht nur die Landschaft, sondern auch die Geschichte und Kultur der Region. So gewaltig, wie sie einst im Urstromtal war, ist sie heute indes nicht mehr, eher eine stille Schönheit, die es aber durchaus wert ist, entdeckt und erkundet zu werden.

Der Elbeurstrom formt die eiszeitliche Landschaft

Die Landschaft, die wir entlang der Elbe antreffen, ist als Teil der nordwestdeutschen Altmoränenlandschaft aus geologischer Sicht vergleichsweise jung. Was sind schon 100 000 Jahre für einen Geologen? Während die älteste der drei nachweisbaren Eiszeiten, das Elsterglazial (vor ca. 250 000 bis 300 000 Jahren), an der Oberfläche nur ganz vereinzelte Spuren hinterlassen hat, haben die beiden nachfolgenden Kaltzeiten das heutige Landschaftsbild in Norddeutschland und auch im Elberaum wesentlich geprägt.

Die Eiszeiten überdeckten mit ihrem Erdmaterial die bereits bestehenden Schichten, die sich vorwiegend als marine Sedimente – zunächst als Salze, später auch als Tone, Sande und Kalke – in Jahrmillionen abgelagert hatten. Die leichteren Salzschichten gerieten durch den Druck der Deckschicht in Bewegung und durchbrachen an einzelnen Stellen die oberste Schicht. Von den zahlreichen Salzstöcken und Aufwölbungen im norddeutschen Raum, wie etwa bei Lüneburg oder im schleswig-holsteinischen Bad Segeberg, hat der Salzstock bei Gorleben im Wendland einige Berühmtheit erlangt. Der vor ungefähr einer Million Jahren aufgeschobene Salzstock von etwa 30 Kilometer Länge und einer Breite von 1,5 bis 3 Kilometern soll als Endlager für radioaktiven Müll erkundet werden. Damit bekam diese geologische Besonderheit des Wendlandes vor allem politische Bedeutung und führte zu vielfachem Widerstand in der Region und der ganzen Bundesrepublik.

Doch kehren wir in frühere Zeiten zurück. Etwa 125 000 bis 200 000 Jahre ist es her, daß die vorletzte Eiszeit, das Saaleglazial, über Norddeutschland hinweggegangen ist. Die enormen Kräfte der Gletscher, die in mehreren Vorstößen Richtung Süden gewandert sind, haben ungeheure Mengen Sand, Lehm, Kies und Gestein aus Skandinavien vor sich hergeschoben und abgelagert. Die Höhenzüge, die wir entlang der Elbe antreffen, wurden im wesentlichen während dieser Zeit gebildet. Besonders beeindruckend ist der Drawehn-Göhrde-Höhenzug im Wendland, der am Hohen Mechtin immerhin eine Höhe von 142 Metern erreicht. Er wurde

Im Findlingsgarten im Bleckeder Ortsteil Breetze vermitteln steinerne Zeugen einen Eindruck von der eiszeitlichen Entstehungsgeschichte des Elbeurstromtals.

durch den letzten Gletschervorstoß, der die Elbe überschritt, als Teil der osthannoverschen Kiesmoräne gebildet. Als Moränen bezeichnet der Glaziologe die von den Gletschern abgelagerten Erd- und Gesteinsmassen, die heute entweder flachwellig oder als Höhenzüge das Landschaftsbild in Norddeutschland wesentlich bestimmen. Die Ablagerungen der Saaleeiszeit werden als Altmoränen bezeichnet, während die hügeligen Ablagerungen des Weichselglazials, der letzten Eiszeit, zur Bildung von Jungmoränen führten. Neben dem Drawehn finden wir auch bei Geesthacht, Lauenburg und Boizenburg Altmoränen direkt am Elbufer, ebenso wie bei den isolierten Geestinseln Langendorfs (49 Meter), des Höhbecks (76 Meter) und bei Rüterberg (33 Meter), die steil aus der flachen Elbtalaue emporragen.

Die mit den Eismassen herantransportierten großen Steine, die als Findlinge bezeichnet werden, sind häufig in der Landschaft und im Boden anzutreffen. Mit ihren von den Gletschern verursachten Schrammen waren sie nicht nur einer der Schlüssel zum Verständnis der Eiszeit, sondern ermöglichen dem Fachmann durch charakteristische Gesteinsarten die Bestimmung des Herkunftsgebiets und der Fließrichtung der Gletscher. Der Findlingsgarten in Bleckede-Breetze verschafft dem Laien eine interessante Übersicht über die verschiedenen Gesteinsarten wie Gneise, Granite, Porphyre, Sand- und Feuersteine. Zudem wird erklärt, aus welchen Herkunftsgebieten die Gletscher die aufgestellten Findlinge jeweils herantransportiert haben – ein lohnenswerter Einblick in die Erdgeschichte und das Wirken der Eiszeiten.

Die letzte Eiszeit, das erwähnte Weichselglazial (vor ca. 15 000 bis 80 000 Jahren) hat die Elbelandschaft ebenfalls maßgeblich geprägt, obgleich die Gletscher dieser Kaltzeit die Elbe selbst nicht mehr erreicht haben. Da sie nur bis in das nördliche Mecklenburg-Vorpommern und östliche Schleswig-Holstein vordrangen, finden wir Jungmoränenbildungen nur in diesen Gebieten entlang der heutigen Ostseeküste. Allerdings führte die Eiszeit dazu, daß sich am Rande der Gletscherausbreitung Dauerfrostböden und eine tundrenähnliche Landschaft ausbildeten. In diesem Periglazialbereich haben vor allem die Schmelzwasser des zurückweichenden und abtauenden Eises enorme Kräfte freigesetzt und sich an der Landschaftsbildung im Elberaum wesentlich beteiligt.

Schmelzwasser bilden die Urstromtäler

Die Elbe war während der Kaltzeiten als breites sogenanntes Urstromtal ausgebildet worden und stellte den wichtigsten und größten Schmelzwassersammler Norddeutschlands dar. In das Elbeurstromtal entwässerten die anderen Urstromtäler und weitere Schmelzwasserabflüsse. Bei Lauenburg hat die Elbe heute eine Breite von etwa 250 Metern, in der Nacheiszeit war das Elbeurstromtal hier ungefähr zehn Kilometer breit. Der gesamte Bereich der heutigen Flußmarschen entspricht etwa der Breite der damaligen Urelbe, die zur Mündung hin noch breiter wurde. Die Elbe mündete vor 10 000 bis 12 000 Jahren allerdings noch ungefähr bei der heutigen Doggerbank; das Gebiet der Nordsee war noch nicht wasserbedeckt, und man konnte trockenen Fußes nach England marschieren. Der Elbeurstrom hat während des Weichselglazials auch die bestehenden Altmoränen an seinem Rand bearbeitet. Sie wurden von den Wassermassen umflossen, abgetragen und durchbrochen, was einerseits zu den isolierten Geestinseln führte, andererseits aber auch die landschaftlich reizvollen Steilufer entlang der Elbe geschaffen hat. Diese bis zu 80 Meter hohen Steilwände am Elbufer bedeuten für Radler und Wanderer den einen oder anderen schweißtreibenden Anstieg, der aber durch manch herrlichen und beeindruckenden Ausblick auf die Elbelandschaft belohnt wird, wie z. B. zwischen Lauenburg und Geesthacht oder bei Hitzacker und Höhbeck. Für den Fachmann ergeben sich an solchen freigespülten Altmoränenwänden interessante Einblicke in die eiszeitlichen Ablagerungen – ohne die sonst notwendigen Bohrungen durchführen zu müssen.
Während des glazialen Höhepunkts der letzten Eiszeit wurden die Sand- und Kiesmassen in der Breite des Elbeurstroms als 20 bis 40 Meter mächtige Schichten abgelagert. In diese sogenannten Niederterrassen hat sich der Elbestrom später als Fluß wieder eingeschnitten. Die sandigen und kiesigen Sedimente bilden auch heute noch in weiten Bereichen den Untergrund im Mittellauf der Elbe.

Von den während der Eiszeiten entstandenen Höhenzügen, wie hier am Kniepenberg bei Drethem, hat man einen herrlichen Blick über die weite Stromlandschaft der Elbe.

Nacheiszeitliche Landschaftsveränderungen

Wenngleich die Entstehung des Landschaftsbildes mit dem Ende der Eiszeiten im wesentlichen abgeschlossen war, gab es dennoch einige Veränderungen im Holozän, d.h. während der letzten 10 000 Jahre. Die späteiszeitlich gebildeten Rinnen der Elbtalaue wurden in der Nacheiszeit allmählich durch die unterschiedliche Sedimentation von Torfen, Auelehmen und Flußsanden wieder aufgefüllt. Insbesondere bei Hochwassern waren auch abgelegenere Uferbereiche betroffen, so daß sich in der gesamten Elbtalaue ein sowohl vertikales wie auch horizontales Mosaik von sandigen, schluffigen und tonigen Böden entwickelte. Die Bewaldung weiter Gebiete setzte wieder ein, während die nicht mehr überfluteten Niederterrassen der Elbe durch Windwirkung zu Dünen und Flugsandfeldern aufwehen konnten, besonders beim heutigen Gartow und am Höhbeck. Reste dieser einst ausgedehnten Dünenbereiche finden wir heute noch in einigen Naturschutzgebieten an der Elbe, wie in den Besenhorster Sandbergen bei Geesthacht, in den Bollbergen bei Boizenburg und in den Wanderdünen von Stixe (zwischen Tripkau und Neuhaus) und Klein Schmölen bei Dömitz. Für die Bevölkerung waren die Wanderdünen und Verwehungen von Ackerland eine ständige Bedrohung, die durch die mittelalterliche Waldrodung noch verschärft wurde. In späterer Zeit, vor allem seit dem Mittelalter, wurde der Mensch durch Ackerbau, Aufforstung, Siedlungen und technische Bauten zum Hauptlandschaftsgestalter. Wesentlichsten Einfluß auf die Elbelandschaft hatten die zahlreichen wasserbaulichen Maßnahmen, zu denen vor allem der Deich-, Buhnen- und Kanalbau, die Staustufe bei Geesthacht sowie verschiedene Abdeichungsmaßnahmen gehören, etwa der Elbe-Altarm in den Vier- und Marschlanden bei Hamburg.

Die Elbe im Laufe der Geschichte

Die Elbe war in der Geschichte oftmals die Trennlinie zwischen verschiedenen Herrschaftsbereichen. Für vorrückende Armeen stellte sie stets ein bedeutendes Hindernis dar, und Elbübergänge waren meist schwer befestigt. Burgen, Kastelle und Festungen zeugen von der Bedeutung, die der Verteidigung der Elblinie beigemessen wurde. Aber die Elbe hatte natürlich auch viel Verbindendes als einer der bedeutendsten Wasserhandelswege im Norden Europas. Handel auf dem Landwege wurde in vielfältiger Weise über die Elbe hinweg betrieben, und zahlreiche Ortschaften lagen als Umschlagplätze für den Handel zu Lande und zu Wasser an wichtigen Verkehrsknotenpunkten an der Elbe. Mit Hamburg hat sich eine der bedeutendsten Handelsstädte Nordeuropas an der Elbe entwickelt, für die der Strom noch heute der wichtigste Lebensnerv für den weltweiten Handel ist.

Funde aus der mittleren Altsteinzeit in der Gegend bei Magdeburg zeugen von einer frühen Besiedlung des Elberaumes vor über 200 000 Jahren. Die beiden letzten Eiszeiten machten allerdings die Gegend für Menschen zu unwirtlich. Erst mit dem Ende der letzten Eiszeit wurde eine erneute Besiedlung durch arktische Rentierjäger möglich. Vor etwa 10 000 Jahren zogen sie durch die tundrenähnliche Landschaft und stellten dem Rentier sowie dem Mammut nach. Eine der bedeutendsten Fundstellen der altsteinzeitlichen Jäger liegt bei Ahrensburg nördlich von Hamburg.

In der Mittelsteinzeit (ca. 8000 bis 3500 v. Chr.) wurden die Menschen allmählich seßhaft und begannen in der anschließenden Jungsteinzeit, dauerhaft Ackerbau zu treiben und Haustiere zu halten. Auffälligste Merkmale der Jungsteinzeit sind die sogenannten Megalithgräber, aus Findlingen errichtete Großsteingräber. Diese werden auch ehrfurchtsvoll als Hünengräber bezeichnet, da man sich früher vorstellte, daß die gewaltigen Anlagen nur von riesenhaften Menschen, Hünen, errichtet worden sein können. Siedlungsplätze der Jungsteinzeit und Hünengräber gibt es zahlreich an der Elbe, z. B. im Schieringer Forst bei Bleckede, bei Hitzacker und Lenzen.

Das Archäologische Zentrum in Hitzacker vermittelt dem Besucher einen Eindruck vom Leben unserer Vorfahren in der Stein- und Bronzezeit. Das Foto zeigt den Nachbau eines bronzezeitlichen Langhauses.

In der Bronzezeit wurde die Elbe zu einem wichtigen Handels- und Verkehrsweg. Im Tausch gegen Metall wurden vor allem Bernstein und Salz gehandelt. Die Toten bestattete man in Hügelgräbern oder auch in Totenhäusern, wie z. B. in Grünhof-Tesperhude bei Geesthacht. Das Archäologische Zentrum in Hitzacker dokumentiert eindrucksvoll die Lebensweise der urgeschichtlichen Menschen und versucht, stein- und bronzezeitliche Arbeitstechniken begreifbar zu machen – vor allem für Kinder und Schulklassen ein besonderes Erlebnis.
Ab dem 6. Jahrhundert besiedelten germanische Stämme vom Norden her den Elberaum bis in die Altmark, unter ihnen die Langobarden, die später nach Italien wanderten. Die Römer gelangten auf ihren Fahrten und Feldzügen 5 n. Chr. auch ein Stück die Elbe hinauf und ließen ihre Geschichtsschreiber vom „flumen albis", dem „Weißen Fluß", berichten. Zur Völkerwanderungszeit verließen die germanischen Stämme weitgehend das Elbegebiet, und slawische Stämme aus dem Osten besiedelten die Region bis in die verlassenen Gegenden westlich der Elbe hinein. Karl der Große dehnte um das Jahr 800 n. Chr. sein Reich nach der Unterwerfung der Sachsen bis zur Elbe aus. Auf dem Höhbeck ließ er 798 ein Kastell zum Schutz der Elbfurt gegen slawische Angriffe erbauen. Die Elbe entwickelte sich zu einer wichtigen Grenzlinie, an der zahlreiche Auseinandersetzungen ausgetragen wurden. Im Jahre 929 eroberten die Sachsen unter König Heinrich I. nach Überschreiten der Elbe die Hauptfestung der Obotriten an der Elbe bei Lenzen. Zwar gab es in der Folgezeit immer wieder slawische Aufstände, so z. B. 1066 mit der Vernichtung Hamburgs, aber die Christianisierung und deutsche Ostkolonisation wurden konsequent durchgeführt. Der sächsische Herzog Heinrich der Löwe (1129–1195) unterwarf weite Gebiete Mecklenburgs und eroberte das Bistum Havelberg zurück. Neben zahlreichen Stadtgründungen gehen auch die Grafschaften Lüchow, Dannenberg, Ratzeburg und Schwerin auf ihn zurück. Sorbische Worte in der deutschen Sprache und zahlreiche slawische Orts- und Flurnamen, z. B. im Wendland, erinnern noch an die einstmalige slawische Besiedlung an der Elbe. In Mecklenburg war slawischer Stammesadel sogar in die deutschen Machtstrukturen eingebunden. Der Obotritenfürst Pribislaw gilt als Stammvater der bis 1918 regierenden Großherzöge von Mecklenburg.

Bei dem kleinen Ort Lenzen – hier der Bergfried der im 12. Jahrhundert errichteten Lenzener Burg – fand im Jahre 929 eine entscheidende Schlacht zwischen Slawen und Sachsen statt (oben).

Das Grenzlandmuseum in Schnackenburg erinnert an die lange Zeit der deutschen Teilung (unten).

Wichtige Handelswege im Elberaum, besonders zwischen Lüneburg und Magdeburg, aber auch über die Elbe hinweg, wie an der Alten Salzstraße zwischen Lüneburg und Lübeck, ließen viele Handelsplätze und Städte entstehen und aufblühen. Lauenburg, Boizenburg, Dömitz, Bleckede, Schnackenburg und andere Orte erhielten die Stadtrechte, und der Elbzoll entwickelte sich für viele zu einer einträglichen Einnahmequelle. Allerdings bildeten diese Zölle auch ein Hemmnis für den Handel. Erst im Jahre 1870 wurden alle Elbzölle endgültig aufgehoben. Der Bau des 1398 fertiggestellten Stecknitzkanals, den seit 1900 der Elbe-Lübeck-Kanal ersetzt, ermöglichte den Salzhandel zwischen Lauenburg an der Elbe und Lübeck an der Ostsee auch auf dem Wasserwege.

Zu Beginn des 14. Jahrhunderts geriet das Wendland in den Krieg um die Erbfolge zwischen dem welfischen Lüneburg und dem askanischen Brandenburg. Etwa um das Jahr 1400 finden wir elbaufwärts verschiedene Landesherrschaften nebst einigen kleineren, selbständigen Territorien: Neben der Hansestadt Hamburg und der Grafschaft Holstein lagen entlang der Elbe die Herzogtümer Sachsen-Lauenburg, Mecklenburg und Lüneburg, gefolgt von dem Kurfürstentum Brandenburg. Die Elbe war zu dieser Zeit auch wieder Grenzfluß, so zwischen dem Herzogtum Mecklenburg und dem entstehenden Herzogtum Braunschweig-Lüneburg. In der Folgezeit wurde die Flußregion zum Kampfplatz verschiedener territorialer Auseinandersetzungen. Die Reformation im 16. Jahrhundert sowie der Dreißigjährige Krieg in der ersten Hälfte des 17. Jahrhunderts führten an der oft umkämpften Elblinie zu zahlreichen Belagerungen und Zerstörungen. Hinzu kamen Seuchen wie die Pest, Überschwemmungen und verheerende Stadtbrände, die den Menschen zusetzten. Die innere Stadt Hamburgs wurde noch 1842 durch einen großen Stadtbrand zu einem beträchtlichen Teil zerstört, der 20 000 Menschen obdachlos machte. Während der „Franzosenzeit" zu Beginn des 19. Jahrhunderts kam es auch in den Orten an der Elbe zu Einquartierungen französischer Truppen. Es formierte sich aber auch Widerstand, und nach der Schlacht in der Göhrde (im Heimatmuseum Dahlenburg in einem Diorama nachgestellt) im September 1813 mußten die Franzosen die Elblinie aufgeben, nachdem sie von den verbündeten Engländern, Schweden, Russen, Hannoveranern und Preußen geschlagen worden waren.

Brandenburg-Preußen wurde durch den Sieg über Napoleon eine der stärksten Mächte Europas und avancierte nach dem Wiener Kongreß (1815) durch die Angliederung ehemals sächsischen Territoriums zum größten Elbanlieger. Nachdem Preußen, zum Teil mit Hilfe seiner Verbündeten, im Jahre 1864 auch Dänemark und 1866 Hannover besiegt hatte, erlangte es auch das schleswig-holsteinische und das niedersächsische Elbufer.
Der Ausbau der Elbe mit Buhnen, Vertiefungen, Kanalisierungen und Abdeichungen sowie der Beginn der Dampfschiffahrt brachten seit dem 19. Jahrhundert nicht nur der Fracht-, sondern auch der Personen- und Ausflugsschiffahrt einigen Aufschwung. Viele der den Fluß überspannenden Verbindungen gingen im Zweiten Weltkrieg verloren, als die meisten Elbbrücken oft in den letzten Kriegstagen zerstört wurden. Zahlreiche Städte und Ortschaften mit bedeutenden Kunstschätzen und Kulturgütern fielen auch an der Elbe den Bombardements zum Opfer, mit am härtesten betroffen waren Hamburg und Dresden. In der nachfolgenden Zeit des Kalten Krieges entstand entlang der Elbe auf rund 100 Kilometer Länge von Lauenburg bis Schnackenburg eine der am schärfsten überwachten Grenzen der Welt mit Metallgitterzäunen, Wachtürmen und Todesstreifen. Die große Wende kam mit der friedlichen Revolution in der DDR im November 1989. Seitdem verbinden einige Fährlinien wieder das niedersächsische Ufer mit Mecklenburg und Brandenburg, und 1992 konnte die Autobrücke bei Dömitz dem Verkehr übergeben werden. Heute zeugen nur noch einige steinerne Grenztürme am Elbufer von den Zeiten, in denen die Elbe an dieser Stelle eine in beiden Richtungen unüberwindliche Grenze darstellte.

Unterwegs entlang der Elbe

Welt- und Hafenstadt Hamburg

Wer sich auf Rad- und Erlebnistouren entlang der Mittelelbe begeben möchte, sucht dort vor allem Ruhe und Beschaulichkeit an einsamen Elbdeichen und in unberührter Naturlandschaft und wird versuchen, Hamburg auf dem schnellsten Weg über die Vier- und Marschlande zu verlassen. Hamburg ist aber einen Besuch wert, und für diejenigen, die vor ihrer Tour elbaufwärts noch das kulturelle Angebot und das Flair einer Weltstadt erleben möchten, seien einige Hinweise für einen Hamburg-Kurzbesuch gegeben.
Ein günstiger Ausgangspunkt für die Erkundung der Stadt sind die Landungsbrücken in St. Pauli, wo sich auch die Touristen-Information befindet, die über das umfassende Veranstaltungsangebot und die zahlreichen Museen und Sehenswürdigkeiten der Stadt informiert. Vom etwas unterhalb der Jugendherberge gelegenen Aussichtspunkt des Stintfangs hat man einen herrlichen Blick auf den Hafen und die Elbe. Bei den Landungsbrücken starten Barkassen zu den Hafenrundfahrten, die zum Pflichtprogramm eines jeden Hamburg-Touristen gehören. Durch den von 1907 bis 1911 erbauten Alten Elbtunnel läßt sich die Elbe bei den Landungsbrücken zu Fuß unterqueren, und vom anderen Elbufer bei Steinwerder kann man die beeindruckende Stadtsilhouette mit dem Fluß im Vordergrund genießen.
Ein schöner Spaziergang zur Stadterkundung führt von den Landungsbrücken elbaufwärts, vorbei an den beiden Museumsschiffen „Rickmer Rickmers", einer 1896 vom Stapel gelaufenen Dreimastbark, und „Cap San Diego", einem 1962 in Hamburg gebauten Frachter. Ein Stückchen weiter liegt linker Hand etwas zurückgesetzt der erstmals von 1648 bis 1661 erbaute Michel, den die Hamburger trotz mehrfacher Zerstörungen immer wieder neu errichtet haben. Von der 83 Meter hohen Aussichtsplattform der Kirche hat man einen schönen Blick über die Stadt. Auch die in der Nähe gelegenen Krameramtsstuben, die letzte erhaltene Hofbebauung des 17. Jahrhunderts, lohnen einen Besuch. Weiter an der Elbe entlang erreichen wir – vorbei am Nikolaifleet und der Deichstraße mit dem letzten erhaltenen Ensemble althamburgischer Bür-

Von den nach venezianischem Vorbild erbauten Alsterarkaden hat man einen schönen Blick auf den viergeschossigen Bau des 1897 eingeweihten Hamburger Rathauses (oben).

Der Hafen mit der Speicherstadt im Hintergrund gehört zu den besonderen Attraktionen eines Hamburgbesuchs (unten).

gerhäuser aus dem 17. bis 19. Jahrhundert – die von 1885 bis 1888 erbaute Speicherstadt. Hier lagern wertvolle Waren wie Kaffee, Rum, Seide, Teppiche und anderes. Neben der Backsteinarchitektur der von Fleeten durchzogenen Speicherstadt erwarten den Besucher hier das Speicherstadt-, das Zoll- und das Gewürzmuseum. Unweit der Speicherstadt liegen das bekannte Chile-Haus, ein 1922 bis 1924 erbautes expressionistisches Backsteingebäude, das an einen Schiffsbug erinnert, und die Deichtorhallen, in denen seit 1989 wichtige Ausstellungen zur zeitgenössischen Kunst gezeigt werden.
Von den Deichtorhallen aus kann man zum Hauptbahnhof gehen und dann entweder über die Mönckebergstraße zum Rathausmarkt oder geradeaus an der Kunsthalle vorbei zur Alster gelangen. Am Rathausmarkt finden wir mit dem 1897 eingeweihten Neorenaissancebau des Rathauses, den Alsterarkaden und den vielen überdachten Einkaufs- und Ladenpassagen zahlreiche weitere Besichtigungsmöglichkeiten, die sich gut mit einer Fahrt auf der Alster oder durch die Fleete und Kanäle der Innenstadt abschließen lassen.
Wer sich schon mal auf die Elbe einstimmen möchte, dem sei noch eine Wanderung (auch Radtour) von den Landungsbrücken etwa 20 Kilometer elbabwärts bis Wedel empfohlen. Der Weg ist kaum zu verfehlen, da man sich immer an der Elbe orientieren kann. Er führt von den Landungsbrücken zunächst an der Hafenstraße und der Fischauktionshalle vorbei nach Övelgönne. Auf der Höhe dieser beschaulichen ehemaligen Lotsen- und Fischersiedlung liegt auch der seit 1977 bestehende Museumshafen mit diversen restaurierten Wasserfahrzeugen, wie einem Dampfschlepper, dem Feuerschiff „Elbe 3“ von 1888 und einem hölzernen Finkenwerder Hochseekutter. Vorbei am Jenischpark mit der klassizistischen Villa des Jenisch-Hauses und dem Ernst-Barlach-Haus gelangen wir nach Blankenese. Diese alte Fischersiedlung gehört heute zu den nobelsten Wohnadressen Hamburgs. Über hübsche Uferpromenaden und Strände erreicht man mit meist herrlichem Blick auf die Elbe und vorbeiziehende Schiffe das Schulauer Fährhaus in Wedel. Die weltbekannte Schiffsbegrüßungsanlage „Willkomm-Höft“ begrüßt und verabschiedet hier seit 1952 alle den Hamburger Hafen besuchenden Schiffe über 500 BRT mit der Nationalhymne des jeweiligen Landes. Nach einem Besuch des dortigen Buddelschiff- und

Muschelmuseums kann man von Wedel entweder per Fähre oder mit der S-Bahn zu den Landungsbrücken zurückkehren.

Der Blumen- und Gemüsegarten Hamburgs – die Vier- und Marschlande

Wer von der Hamburger Innenstadt kommend sich in Richtung Südosten aufmacht und vorbei an Gewerbeflächen, Industrieanlagen und Kraftwerken in die Vier- und Marschlande einbiegt, taucht in eine andere Welt ein: Er befindet sich urplötzlich, fast ohne Übergang, auf dem Lande. Die etwa 130 Quadratkilometer großen, an der Südostgrenze der Hansestadt gelegenen Vier- und Marschlande gelten mit ihren weiten, grabendurchzogenen Marschen, verästelten Altarmen der Elbe, hübschen Fachwerkhäusern und alten Holzkirchen als beliebtes und schnell zu erreichendes Ausflugsziel der Großstädter. Auch wenn heute moderne Windkraftanlagen und bereits seit 1913 grüne, wippende Erdölbohrtürme zum Landschaftsbild gehören, so wird dieses Marschgebiet doch im wesentlichen durch die zahlreichen Gewächs- und Folienhäuser geprägt. Das angebaute Gemüse und die vielen verschiedenen Gartenpflanzen und Blumen in diesem größten zusammenhängenden Gemüse- und Blumenanbaugebiet der Bundesrepublik finden nicht nur im nahen Hamburg ihren Absatz.

Die ca. 55 Quadratkilometer großen Marschlande bestehen aus den sieben Ortschaften Moorfleet, Spadenland, Tatenberg, Ochsenwerder, Billwerder, Allermöhe und Reitbrook. Die Vierlande, die im Jahre 1516 erstmals unter diesem Namen urkundlich erwähnt wurden, setzen sich mit einer Fläche von 77 Quadratkilometern aus den Kirchspielen Curslack, Neuengamme, Altengamme und Kirchwerder zusammen. Die Dove-Elbe und die Gose-Elbe, ehemalige Nebenarme der Elbe, unterteilen die Kirchspiele. Diese Altarme waren früher zusammen mit einem verzweigten Grabensystem auch die Hauptverkehrswege, auf denen mit offenen, hölzernen Kähnen, den Ewern, die landwirtschaftlichen Produkte der Region nach Hamburg transportiert wurden.

Die zahlreichen Deiche, die nicht nur den Hauptstrom der Elbe säumen, sondern weite Landstriche als Altdeiche durchziehen, zeugen von dem Jahrhunderte währenden Kampf der

Hübsche Bauernhäuser prägen die Landschaft der Vier- und Marschlande. Dieses Haus mit imposantem Fachwerkgiebel steht in Curslack (oben).

In Zollenspieker legt die Fähre an, die von hier aus zum niedersächsischen Elbufer übersetzt. Die seit 1252 urkundlich belegte Fähr- und Zollstätte liegt im südlichsten Zipfel Hamburgs (unten).

Menschen gegen ansteigende Wassermassen und Flutkatastrophen. Bereits um 1100 wurden die ersten Ländereien der Vierlande eingedeicht. Kleinere und größere Deichbrüche und Überschwemmungen hat es seither immer wieder gegeben. So kam es etwa am 8. Juli 1771 in Neuengamme zu einem Deichdurchbruch, der die Vierlande mehrere Wochen unter Wasser setzte. Daß man selbst mit moderner Technik und Tausenden von Helfern auch in neuerer Zeit leicht auf verlorenem Posten stehen kann und verheerende Flutkatastrophen nur schwer in den Griff zu bekommen sind, zeigen Überschwemmungen von Flußlandschaften in jüngerer Zeit am Rhein und im Jahre 1997 an der Oder im Grenzbereich Deutschland/Polen und in der Tschechischen Republik. Die letzten großen, durch Sturmfluten in der Nordsee verursachten Überschwemmungen erlebten die Marsch- und Vierländer am 16./17. Februar 1962. In ganz Hamburg brachen an vielen Stellen die Deiche, und ein Sechstel des Landes stand unter Wasser. 315 Menschen kamen auf Hamburger Gebiet in den Fluten um, über 20 000 mußten evakuiert werden. Seither haben ungeheure Anstrengungen im Deichbau und Hochwasserschutz stattgefunden. Die berechtigte Angst der Menschen in hochwassergefährdeten Gebieten vor Überschwemmungen aber bleibt, zumal die von Wissenschaftlern prognostizierte, durch den Menschen verursachte Klimaänderung und ein damit verbundener Meeresspiegelanstieg sowie die Zunahme von Extremwetterereignissen zu ganz neuen, bislang kaum vorstellbaren Flutkatastrophen führen können.

Neben den Deichen, den Wasserläufen, der Marschlandschaft und den Gewächshäusern sind es die reetgedeckten Bauernhäuser, die die Region prägen. Diese für den niederdeutschen Raum typischen Fachhallenhäuser und die kleineren Katen stehen oft mit ihren Giebelseiten am Deich, geschmückt durch reiches Fachwerk, Ziermauerwerk und Schnitzereien. Ein schönes Beispiel eines alten Vierländer Bauernhauses aus dem 16. Jahrhundert ist das Rieckhaus im Curslacker Freilichtmuseum (siehe Wanderung).

Vom Feldstein- zum Fachwerkbau – die Kirchen der Marsch

Die ersten Kirchen im Südosten Hamburgs wurden im 12./13. Jahrhundert urkundlich erwähnt: 1162 die Kirche in Bergedorf, 1217 die St. Severini-Kirche in Kirchwerder. Diese wurde 1319 als Feldsteinbau neu errichtet. Die in der Marsch mit Feldsteinen erbauten Kirchen erwiesen sich aber als zu schwer für den weichen Boden, so daß man dazu überging, Fachwerkkonstruktionen zu bevorzugen, wie sie die Menschen von ihren Wohnhäusern her kannten. Teile der alten Feldsteinbauweise sind aber oftmals noch gut zu erkennen. Der freistehende Glockenturm wurde ab dem 14. Jahrhundert ergänzt, als es üblich wurde, die Gläubigen mit Glockengeläut zum Gottesdienst zu rufen.
Neben der St. Severini-Kirche Kirchwerders gibt es in den Vierlanden die St. Nicolai-Kirche zu Altengamme, St. Johannis zu Neuengamme und St. Johannis zu Curslack, die wir auf den Touren näher kennenlernen werden. Ebenso sind die Kirchen der Marschlande, wie die Dreieinigkeitskirche Allermöhes, St. Pankratius zu Ochsenwerder und St. Nicolai zu Moorfleet, einen Besuch wert. In diesen Kirchen sind Flügelaltäre und Kanzeln des Holzschnitzers Hein Baxmann d. J. (um 1580–1647) von kunsthistorischem Interesse.

Radtour von Zollenspieker nach Geesthacht

Zollenspieker – Hoopte – Laßrönne – Drage – Geesthacht – Altengamme – Zollenspieker
Entfernung: ca. 31 km; Dauer: 3 Stunden

Wir beginnen unsere Tour am südlichsten Punkt Hamburgs, an der Elbe bei Zollenspieker in den Vierlanden. Wer bereits bei der Anfahrt einen intensiven Eindruck von den Vier- und Marschlanden bekommen möchte, startet am besten von den S-Bahn-Stationen Rothenburgsort (ca. 23 km bis Zollenspieker), Tiefstack oder Billwerder-Moorfleet (ca. 19 km). Die Anfahrt von Moorfleet sei kurz beschrieben: Von der S-Bahn-Station steigen wir zur Straße Unterer Landweg hinauf, fahren diese bis zur Andreas-Meyer-Straße durch, halten uns rechts und sogleich wieder links. Auf der Straße Brennerhof fahren wir nach Tatenberg. Nach Überqueren der Dove-Elbe auf der Brücke geht es gleich links weiter und dann den zweiten Weg rechts. Hier beginnt die Trasse des Marschbahndamms, und wir haben die Großstadt endgültig hinter uns gelassen. Über Ochsenwerder und Fünfhausen fahren wir auf ruhiger Strecke, bis wir kurz vor Teufelsort nach Zollenspieker abbiegen. Die Anfahrt von der S-Bahn-Station Bergedorf aus über Curslack und Kirchwerder (ca. 14 km) ist noch etwas kürzer (siehe auch Wanderung).

Die Fähr- und Zollstätte Zollenspieker an dieser Stelle wurde bereits 1252 urkundlich erwähnt. Das 1620 bei einem Überfall der Lüneburger auf diese Zollstation zerstörte und wieder aufgebaute Fährhaus hat sich bis heute im wesentlichen in seinem ursprünglichen Zustand erhalten und ist gerade umfangreich renoviert worden.

Wir setzen per Fähre an das niedersächsische Ufer nach Hoopte über, wo es im Fährhaus ein Restaurant gibt. Von Hoopte aus sollte man nicht versäumen, einen kleinen Abstecher nach Winsen an der Luhe (ca. 4 km) zu unternehmen, das 1158 erstmals urkundlich erwähnt wurde. Johann Peter Eckermann (1792–1854), der vor allem als Sekretär und Freund Johann Wolfgang von Goethes bekannt geworden ist, wurde in Winsen geboren. Das 1299 erstmals erwähnte Winsener Schloß erhielt seine heutige Gestalt Ende des 16. Jahrhunderts. Der Marstall, ein hübscher Fachwerkbau, der die Schloßanlage im Süden begrenzt, wurde 1599 errichtet. Nach

Zahlreiche Gewächshäuser prägen das Landschaftsbild im Blumen- und Gemüsegarten Hamburgs.

Neben den Kirchen gehören auch die Mühlen, wie hier die Riepenburger Mühle bei Zollenspieker, zu den Kleinodien in der Kulturlandschaft der Vier- und Marschlande.

seiner Nutzung als Kornboden wurde das Gebäude später von der Stadt erworben und schließlich 1989 umfassend ausgebaut. Es dient heute als Bücherei, Museum und allgemeines kulturelles Zentrum der Stadt. Weiterhin sind die St. Marienkirche aus dem 15. Jahrhundert, das Stift St. Georg von 1766 und das Blaufärberhaus, ein Bürgerhaus aus dem 17. Jahrhundert, sehenswert. Um Winsen zu erreichen, fahren wir hinter dem Fähranleger nicht über das Sperrwerk, sondern zunächst geradeaus und dann links an der Ilmenau entlang über Stöckte nach Winsen und von dort später direkt wieder an die Elbe nach Laßrönne.

Wer Winsen keinen Besuch abstatten möchte und lieber an der Elbe bleibt, unterquert bei der Fähre Hoopte die Hauptstraße durch einen kleinen Tunnel und fährt über das Ilmenau-Sperrwerk hinüber. Für das von Lüneburg aus auf der Ilmenau transportierte Salz, das man hier auf der Elbe weiterverschiffte, wurde bei Zollenspieker noch bis 1863 Zoll erhoben. Mit Blick auf die Riepenburger Mühle und die modernen Windkraftanlagen in den Vierlanden erreichen wir Laßrönne, wo wir rechts in den Ort hineinbiegen, später allerdings links auf dem Hakenweg wieder an den Deich fahren und seinem Verlauf folgen. In Drage liegt „Maak's Gasthaus" etwas abseits des Deiches, und vorbei an der St. Marienkirche von Drennhausen, einem kleinen Sportboothafen und einem Campingplatz kommen wir zum Hotel und Restaurant „Zur Rennbahn" direkt am Deich. Die vor dem Deich gelegene Trabrennbahn, die bereits mehr als 120 Jahre besteht, dient die meiste Zeit des Jahres als Park für Naturfreunde und als Liegewiese am Elbufer. Nun kommen bereits bald die Staustufe bei Geesthacht und die dortige Elbbrücke in Sicht. Auf dieser überqueren wir die Elbe mit Blick auf das Staugeschehen und die Geesthachter Schleusen, die wir am besten einsehen können, wenn wir den auf der östlichen Seite der Brücke gelegenen Radweg nehmen. Auf der anderen Seite verlassen wir die Brücke und fahren nicht an den Schleusen vorbei nach Geesthacht hinein, sondern in entgegengesetzter Richtung nach Altengamme.

Entlang der Straße liegt zur Rechten das etwa 150 Hektar große Naturschutzgebiet Besenhorster Sandberge. Am Windrad vorbei läßt sich auf Wanderungen ein kleiner Abstecher in das Gebiet unternehmen. In dem seit 1991 bestehenden

Naturschutzgebiet mit seinen ausgedehnten Sanddünen stößt man auf verstreute Reste von Industrieanlagen einer Pulverfabrik, die auf die frühere Nutzung des Geländes hinweisen. Neben den Sanddünen gehören auch Sandwiesen, lichter Eichenwald und Waldkieferareale sowie Magergrasfluren und Naßgrünland zu dem Gebiet. Seltene Pflanzenarten wie Brenndolde, Fadenbinse, Schnittlauch und Wiesenraute sowie zahlreiche wärmeliebende Tierarten wie die Zauneidechse und diverse Heuschreckenarten besiedeln das Areal.
An der folgenden Kreuzung kann man entweder gleich links am Deich entlang nach Zollenspieker radeln, oder man fährt an der Gaststätte vorbei und begibt sich nach links auf den gut markierten Altengammer Marschenbahndamm, auf dem man, vom Autoverkehr weitgehend unbehelligt, fast bis nach Hamburg hinein radeln kann. Vorbei an der weiten Marschlandschaft und den vielen in der Sonne glitzernden Gewächshäusern erreichen wir bald Altengamme, dessen zur Linken liegender Kirche wir einen Besuch abstatten sollten. Die St. Nicolai-Kirche Altengammes ist eine der bedeutendsten Barockbauernkirchen Norddeutschlands. Das um 1250 als Feldsteinbau errichtete Gotteshaus erhielt später noch zwei Fachwerkbrauthäuser hinzu. Im hölzernen Glockenturm von 1647 hängt die Glocke „Celsea" des ehemaligen Hamburger Domes. Im Innern fallen neben den zahlreichen gestickten Kissen vor allem die geschnitzten Banktüren und die eisernen Hutständer (ab 1708) in den Männerbankreihen auf. Interessant sind zudem der bronzene Taufkessel von 1380, der Taufbaldachin von 1610, zwei prächtige Kronleuchter und die mit farbigen Holzschnitzereien versehene Kanzel.
Hinter der Kreuzung Curslacker Hausdeich passieren wir zur Rechten den schon lange aus der Ferne sichtbaren, von der Umweltbehörde Hamburg geförderten Windpark Neuengamme. Die 3500- bis 3600-Kilowatt-Räder haben eine Nabenhöhe von etwa 50 Metern und einen Rotordurchmesser von ca. 40 Metern.
Vorbei an der Gaststätte „Kiebitzbraak" und dem gleichnamigen Naturschutzgebiet erreichen wir durch die grabendurchzogene Marsch alsbald die Kreuzung Kirchwerder Mühlendamm. Hier fahren wir links zur Elbe, aber nicht ohne vorher einen Abstecher nach rechts unternommen zu haben. Hier liegt die Riepenburger Mühle, deren erste Erwähnung ins

Während der Rad- und Wandertouren entlang der Elbe eröffnet sich – wie hier bei Altengamme – an vielen Stellen der weite Blick über den träge dahinfließenden Strom.

Jahr 1318 zurückreicht. Die ehemalige Bockmühle wurde 1830 durch die heutige Galerie-Holländermühle ersetzt. Die frühere Funktionsweise läßt sich noch heute bestaunen. Zudem zeigt die Kunstgemeinschaft Riepenburger Mühle wechselnde Ausstellungen vor allem heimischer Künstler. Von der Mitte des 13. Jahrhunderts in der Nähe errichteten Riepenburg lassen sich nur mit geübtem Auge noch Fragmente des Burghügels und -walls erkennen, die heute unter Denkmalschutz stehen.
Wer sich über den ökologischen Landbau informieren möchte, kann noch einen Abstecher zum anerkannten Naturland-Betrieb Hof Eggers in der Ohe machen. Den etwa 1,5 Kilometer nordöstlich der Mühle gelegenen, denkmalgeschützten Vierländer Bauernhof erreichen wir über den Kirchwerder Mühlendamm und den rechts abbiegenden Stichweg.
Wir fahren nun von der Mühle nach Überquerung des Marschbahndamms am Riepenburger Brack mit dem Vogelschutzgehölz vorbei zum Elbdeich, wo wir uns rechts halten. Hier sollten wir einen Blick über den Deich auf das Naturschutzgebiet Zollenspieker werfen. Neben den tidebeeinflußten Vorlandflächen mit ihrer interessanten Tier- und Pflanzenwelt gehört auch ein Wäldchen hinter dem Deich zum etwa 80 Hektar großen Schutzgebiet. Am Deich entlang erreichen wir wieder das Fährhaus und die Fähre Zollenspieker.

■ Restaurants und Cafés

21039 Hamburg
Gaststätte & Krämerei
Wolfgang Schween
Altengammer Hauptdeich 44
☎ 0 40/7 23 53 34
Dienstag Ruhetag.

21037 Hamburg
Kiebitzbraak
Kiebitzdeich 198
☎ 0 40/7 23 53 39

Zollenspieker Fährhaus
Zollenspieker Hauptdeich 143
☎ 0 40/7 93 13 30;
Fax: 040/79 31 33 88
Saisonale Spezialitäten; große Biergarten-Terrasse mit herrlichem Blick auf die Elbe, auch Hotel.

Riepenburger Mühle
Kirchwerder Mühlendamm 75
☎ 0 40/7 23 97 09
Montag Ruhetag.
Frische Salate, norddeutsch-regionale Leckereien, hausgemachter Kuchen.

21423 Winsen/Luhe
Fährhaus Hoopte
Hoopter Elbdeich 21
☎ 0 41 71/24 15
Dienstag Ruhetag.
Gutbürgerliche Küche, am Elbfähranleger nach Zollenspieker.

21423 Drage
Maak's Gasthaus
Elbdeich 28
☎ 0 41 77/2 61
Mittwoch Ruhetag.
Wild-Spezialitäten.

21423 Drage-Stove
Zur Rennbahn
Stover Strand 4
☎ 0 41 76/9 13 10
Donnerstag Ruhetag.
Regionale und nationale Gerichte, mit Kaffeegarten und Kegelbahn, auch Hotel.

Gasthaus Harms
Schwinder Str. 3
☎ 0 41 76/2 29
Montag u. Dienstag Ruhetag.
Saisonale Spezialitätentage, selbstgebackener Kuchen, regionale Spezialitäten, direkt auf dem Elbdeich.

■ Mühle und ökologischer Landbau

21037 Hamburg-Kirchwerder
Kirchwerder Mühlendamm 75
☎ 0 40/7 23 06 23 (Herr Klaus Peters)
Sa. 14–18, So. u. Feiertag 11–18 Uhr.
Ein funktionsfähiger Galerie-Holländer, in dem die „Kunstgemeinschaft Riepenburger Mühle“ wechselnde Kunstausstellungen und Kunsthandwerk präsentiert.

Hof Eggers in der Ohe
Kirchwerder Mühlendamm 5
☎ 0 40/7 23 03 37
Besichtigungen und Führungen nach Anmeldung; Hofladen Fr. 14–18, Sa. 10–13 u. 15–17 Uhr.

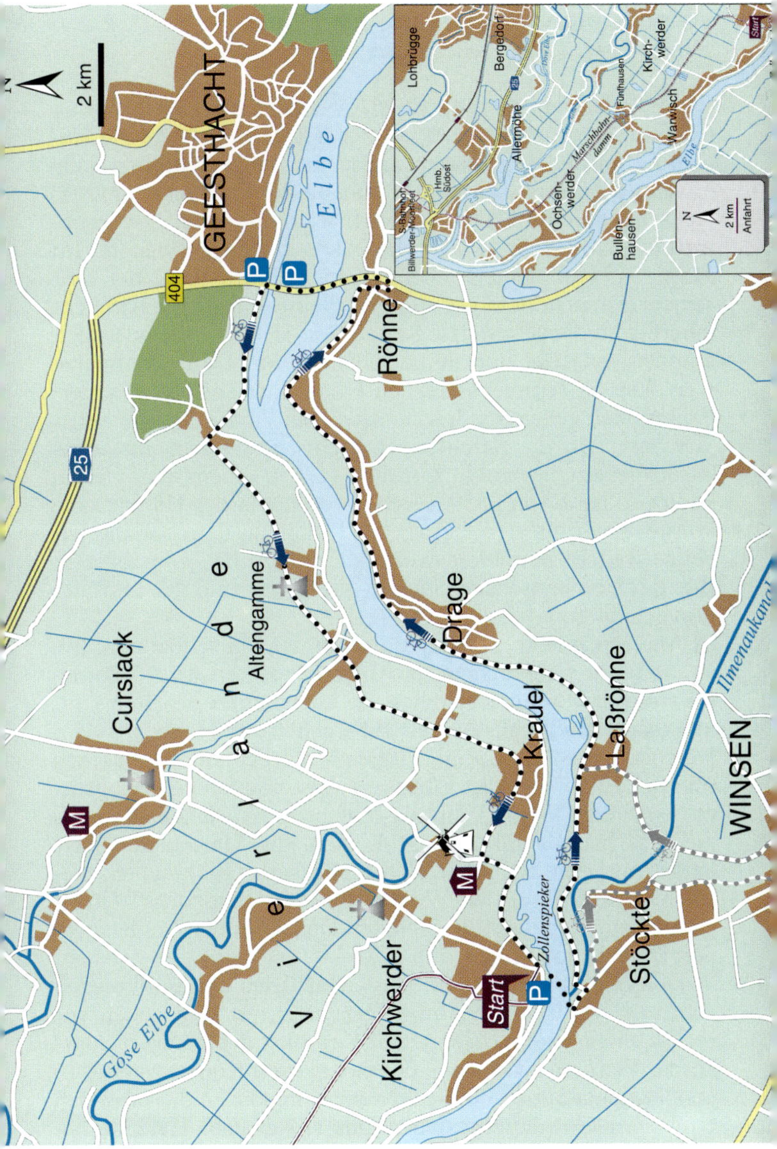
N
2 km
GEESTHACHT
Elbe
404
25
P
Rönne
Curslack
Altengamme
Vierlande
Drage
Krauel
Laßrönne
WINSEN
Ilmenaukanal
M
Zollenspieker
Stöckte
Start
Kirchwerder
Gose Elbe
Lohbrügge
Bergedorf
Dove Elbe
Allermöhe
Hmb. Südost
S-Bahnhof Billwerder-Moorfleet
Ochsen-
werder
Marschbahn-
damm
Fünfhausen
Kirch-
werder
Warwisch
Bullen-
hausen
Anfahrt

Wanderung von Curslack zur Elbe

Entfernung: 12 km; Wanderdauer: ca. 3 Stunden

Die Wanderung führt von Curslack entlang der Dove-Elbe an die Elbe heran und zurück an der KZ-Gedenkstätte Neuengamme vorbei. Wir starten an der im Jahre 1306 erstmalig erwähnten, sehenswerten St. Johanniskirche von Curslack, das selbst bereits 1217 als Dorf Erwähnung fand. Der Fachwerkbau von 1599 wurde 1802 kreuzförmig erweitert. Im Jahre 1719 kam der freistehende Glockenturm hinzu, der 1761 seinen formschönen, dreistufigen Helm erhielt. Im Kircheninnern sind die geschnitzte Kanzel von 1599, die kleine Orgelempore von 1621 und der Beichtstuhl von 1775 erwähnenswert. Die 55 schmiedeeisernen Hutständer auf den Männerbankrücken gelten als Besonderheit der Vierländer Kirchen.

Wir verlassen die Kirche nach rechts und gehen am etwas zurückgesetzt liegenden Grashof vorbei, einem renovierten Fachwerkhaus von 1559. Nach Überqueren der Hauptstraße kommen wir auf den Curslacker Deich, an dem entlang wir einige weitere bemerkenswerte alte Bauernhäuser passieren. Zur Rechten erstrecken sich die Niederung und der Lauf der Dove-Elbe.

In Altengamme kreuzt der Altengammer Marschbahndamm, auf dem wir nach links einen Abstecher zur etwa 1,5 Kilometer entfernt liegenden Kirche von Altengamme machen können (siehe Radtour). An der Elbe gehen wir rechts auf dem Deich am Gasthaus „Zum Elbdeich“ vorbei und haben einen schönen Blick über den Fluß, von Wasserläufen durchzogene, mit einzelnen Weidenbäumen bestandene Vorländer und das niedersächsische Elbufer zur Linken, die Marsch der Vierlande mit den hübschen Bauernhäusern, zahlreichen Gewächshäusern und den Windrädern des Windparks Neuengamme zur Rechten. Ein Stein am Deich erinnert an den großen Deichbruch vom 8. Juli 1771.

Wir biegen dann rechts in den Kiebitzdeich ein und kreuzen abermals den Marschdamm. Den nächsten Weg gehen wir rechts hinein und passieren den Komplex der Justizvollzugsanstalt Vierlande, Gebäude des ehemaligen Konzentrationslagers Neuengamme und die Gedenkstätte, die an die zahllosen Opfer der Gewaltherrschaft erinnert. Auf dem Gelände befand sich zunächst ab Dezember 1938 nur ein Außenkom-

mando des Konzentrationslagers Sachsenhausen, das ab 1940 als eigenständiges KZ diente. Zum KZ Neuengamme zählten mehr als 80 Außenlager, in denen die Häftlinge schwerste Zwangsarbeit für die Kriegswirtschaft leisten mußten. Von den etwa 106 000 Häftlingen in Neuengamme kamen etwa 55 000 durch die Gewalttaten der SS, die mörderischen Lebens- und Arbeitsbedingungen und bei der Evakuierung am Ende des Krieges ums Leben.
Gleich zu Beginn sehen wir rechts den ehemaligen Lagerbahnhof mit einem alten Güterwaggon, in dem die Gefangenen ins Lager transportiert wurden. Dieser Weg führt uns auch zur 1995 neu eingerichteten Ausstellung, die über die Lebensbedingungen, das Leiden und Sterben der Menschen im Konzentrationslager eindrucksvoll und bedrückend zugleich informiert. Ein etwa 2,5 Kilometer langer Rundweg führt vorbei an ehemaligen Häftlingsunterkünften, einer Gedenkplatte am Standort des früheren Krematoriums, an einer Tongrube und am Klinkerwerk, in dem die KZ-Häftlinge ihre schwere Arbeit verrichten mußten, sowie an anderen erhaltenen oder wiederhergestellten Gebäuden des ehemaligen Lagers. Auch zu der KZ-Gedenkstätte mit dem Mahnmal, den Grab- und Gedenksteinen und dem Haus des Gedenkens führt der Rundweg, der mit zahlreichen Informationstafeln versehen ist. Nach diesem Einblick in das dunkelste Kapitel deutscher Geschichte folgen wir dem Jean-Dolidier-Weg, halten uns dann links und gehen an der Kreuzung Heinrich-Stubbe-Weg rechts weiter. Geradeaus können wir noch einen Abstecher zur Kirche von Neuengamme machen. Der Feldsteinbau aus dem 13. Jahrhundert wurde später durch einen gotischen Backsteinchor, ein Brauthaus und einen Fachwerkvorbau ergänzt. Der frei stehende Glockenturm von 1630 trägt zwei Glocken von 1461 und 1487. Im Innern sind die reich mit Intarsien verzierten Banktüren, die schmiedeeisernen Hutständer und die alten Kronleuchter erwähnenswert. Am Neuengammer Hausdeich stehen zahlreiche stattliche Bauernhäuser. Auf dem Heinrich-Stubbe-Weg überqueren wir die Dove-Elbe, gehen an der Gaststätte „Corslaker Landhaus" vorbei und erreichen, wenn wir uns links halten, wieder die Kirche Curslacks.
Lohnend ist auch noch ein Abstecher zum Freilichtmuseum Rieck-Haus, das an der Kirche vorbei knapp zwei Kilometer

weiter am Curslacker Deich gelegen ist. Das Hufnerhaus Rieck, das eine Außenstelle des Altonaer Museums ist, gehört zu den ältesten und wertvollsten Bauernhöfen der Vierlande. Das Haus wurde in vier Phasen ab 1533 erbaut, die hübsche Fachwerkfassade ist dem Deich zugewandt. Im Innern gibt es neben der Diele, die als Wirtschaftsbereich des Hauses diente, den Flett mit dem Bodenherd, der später wandfest am Kammerfach installiert wurde, und den Wohnbereich. Dieser besteht vor allem aus der Wohn- und Schlafstube des Hausherrn (Grootdöns) und einem kleineren Altenteil (Lüttdöns). Der Rauch des offenen Herdfeuers im Flett zog durch das Uhlenlock des schornsteinlosen Hauses ab. So wurden nicht nur die Balken und unter dem Dach aufgehängte Räucherwaren konserviert, sondern auch Fliegen und anderes Ungeziefer einigermaßen ferngehalten.
Neben dem Wohnhaus dokumentieren auf dem Gelände des Museums unter anderem auch die Entwässerungsmühle, Scheunen, ein Ewer zum Transport des Gemüses und ein Heuberg die Lebensweise der Vierländer Bauern in früheren Zeiten.

■ Restaurants

21039 Hamburg
Corslaker Landhaus
Curslacker Heerweg 2a
☎ 0 40/7 23 22 20
Fisch und Gerichte rund um die Bratkartoffel.

Zum Elbdeich
Neuengammer Hausdeich 2
☎ 0 40/7 23 54 81
Montag Ruhetag.
Hausmannskost; nahe der Elbe gelegen.

Elbe
Marschbahndamm
Kronshorst
Altengamme
Vierlande
Curslack
Neuengamme
Gedenkstätte
Start
M
Dove Elbe
N
500 m

Von der Korbflechterei zur Industrie- und Technologiestadt – Geesthacht

Die Stadt Geesthacht gehörte früher zu Hamburg und kam erst durch das Groß-Hamburg-Gesetz von 1937 zu Schleswig-Holstein.
Zahlreiche Funde weisen auf die bronzezeitliche Besiedlung der Region hin. Am bekanntesten ist das Totenhaus von Grünhof-Tesperhude unweit der B 5 in Richtung Lauenburg. Bei der Abtragung eines bronzezeitlichen Grabhügels wurden hier vier Beisetzungsstätten der älteren Bronzezeit gefunden.
Der 1216 als Hachede erstmals erwähnte Ort war schon im Mittelalter als Marktflecken bekannt. Vor der Industrialisierung waren vor allem das Bandreißer-, Rutenweißer- und Korbflechtergewerbe in Geesthacht ansässig. Bandreißer fertigten aus den Weidenstöcken des Elbvorlands Bänder für Fässer und Tonnen, während die Rutenweißer die Weidenruten schälten (weißten). Die Korbflechterei lieferte vor allem Transportgeflecht für die Produkte der am Ort ansässigen Glasfabrik.
Ab der Mitte des 19. Jahrhunderts gewann die Industrialisierung zunehmend an Bedeutung. 1867 erfand Alfred Nobel, der Stifter des gleichnamigen Preises, in Geesthacht das Dynamit. Durch seine beiden Sprengstoffabriken entwickelte sich der Ort allmählich zur „Pulver-Stadt“; die Rüstungsanlagen wurden aber im Zweiten Weltkrieg zerstört oder nach Kriegsende demontiert.
Zwei große Brände in den Jahren 1887 und 1928 hatten schon vorher den historischen Ortskern zerstört, so daß aus früheren Zeiten neben dem restaurierten Polizeigebäude am Marktplatz lediglich die St. Salvatoris-Kirche und das Krügersche Haus übriggeblieben sind. Die 1685 erbaute Kirche mit ihrem schneeweißen Fachwerk ist die Nachfolgerin eines in den Elbfluten untergegangenen Gotteshauses. Das 1756 erbaute Krügersche Haus in der Bergedorfer Straße, ein Fachhallenhaus mit Krüppelwalmdach, beherbergt heute das Heimatmuseum und ein Archiv.
Ansonsten ist Geesthacht eher durch seine technischen Einrichtungen wie den Energiepark mit dem HEW-Pumpspeicherwerk und -becken, das Atomkraftwerk in Krümmel, die Elbstaustufe und die Schleusen bekannt. Das 1956 gegründete GKSS-Forschungszentrum in Geesthacht, das sich in der

Der Fachwerkbau des aus dem 17. Jahrhundert stammenden Krügerschen Hauses in Geesthacht beherbergt das Heimatmuseum und das Stadtarchiv.

Die Geesthachter St. Salvatoris-Kirche aus dem Jahr 1685 besteht aus einem Fachwerksaal und einem viereckigen hölzernen Westturm.

Anfangszeit besonders mit der Reaktorsicherheitsforschung und Unterwassertechnik befaßte, beschäftigt sich in neuerer Zeit zunehmend mit Umwelttechnik und Umweltforschung.
Eine technische Attraktion der besonderen Art sind die alten Lokomotiven und Wagen der Arbeitsgemeinschaft Geesthachter Eisenbahn e. V. An einigen Wochenenden im Jahr kann man mit der alten Dampflok „Karoline“ nach Krümmel und Bergedorf fahren.
Zu ausgedehnten Wanderungen laden neben dem Sachsenwald und dem bewaldeten Geesthang und Elbufer ein Wald- und Naturlehrpfad in den Heidbergen im Norden und das Naturschutzgebiet der Besenhorster Sandberge im Westen der Stadt ein.

Historische Schifferstadt am Steilufer der Elbe – Lauenburg

Der Blick vom niedersächsischen Elbufer nahe der 1951 erbauten Elbbrücke auf die Altstadt Lauenburgs gilt als eine der schönsten und malerischsten Ansichten für den anreisenden Schleswig-Holstein-Urlauber: Um die hoch aufragende Kirche schmiegen sich dichtgedrängt zahlreiche hübsche Fachwerkhäuser an den steil emporragenden, bewaldeten Geesthang.
Die bedeutenden historischen Häuser der Lauenburger Altstadt, die zum großen Teil mit erheblichem Aufwand restauriert worden sind, stammen überwiegend aus dem 16. und 17. Jahrhundert. Besonders sehenswert sind: das Jacobische Haus von 1647 (Elbstraße 35); das Messingsche Haus von 1573, das älteste Bürgerhaus der Stadt (Elbstraße 49, die Jahreszahl 1513 auf dem Hausbalken ist ein Schreibfehler); das Schreyersche Haus (Elbstraße 61) von 1581; das 1579 erbaute Freystatzkysche Haus (Elbstraße 65/67), das gut restaurierten Rosettenschmuck aufweist, und das Ackermannsche Haus (Elbstraße 119), das 1649 erbaute ehemalige Haus des Fährmanns.
Die Geschichte Lauenburgs beginnt mit der Zerstörung der einige Kilometer stromabwärts am Elbübergang gelegenen Ertheneburg durch Heinrich den Löwen auf seiner Flucht vor Kaiser Friedrich I. (Barbarossa) im Jahre 1181. Der Nachfolger Heinrichs, Herzog Bernhard aus dem Hause der Askanier,

Lauenburg mit seiner malerischen Unterstadt gehört zu den besonderen Attraktionen einer Tour am schleswig-holsteinischen Elbufer.

Das Elbschiffahrtsmuseum in Lauenburg informiert anschaulich über die historische Bedeutung der Elbe als Verkehrsweg.

erbaute kurz darauf die Lauenburg. Er wurde Stammvater der Herzöge von Sachsen-Lauenburg, die bis 1689 das Land, das heute etwa dem Kreis Herzogtum Lauenburg entspricht, regierten.
Großen wirtschaftlichen Aufschwung erlebte Lauenburg durch den Bau des Stecknitzkanals 1398, der ältesten künstlichen Wasserstraße Nordeuropas. Die Stadt wurde damit zu einem wichtigen Verkehrsknotenpunkt des Salztransports von Lüneburg nach Lübeck. 1417 erhielten die Lauenburger das Privileg, die unter Lübecker Regie auf dem Kanal verschifften Waren nach Hamburg weiterzubefördern. Als im Jahre 1616 der Hoforganist die Beaufsichtigung des Kohlefeuers vergaß, an dem er sich zu wärmen pflegte, vernichtete ein Brand die Kirche und große Teile des Schlosses. Die nachfolgende Verlegung der herzoglichen Residenz nach Ratzeburg im Jahre 1616 bedeutete einen empfindlichen Verlust an politischer Macht für Lauenburg. Die Stadt lebte weiterhin vor allem von Schiffahrt, Handel und Fischerei. Besondere Bedeutung erlangte die Elbeschiffahrt, und durch den Bau des Elbe-Lübeck-Kanals im Jahre 1900 bekam Lauenburg eine direkte Verbindung zur Ostsee. Vom Ende des Zweiten Weltkriegs bis zur Öffnung der deutsch-deutschen Grenze war Lauenburg vor allem durch seine abgeschiedene Lage geprägt.
Von der erwähnten Burg sind nur noch ein Teil des Ostflügels, in dem heute Amtsgericht und Verwaltung untergebracht sind, und der 1477 errichtete Schloßturm, das Wahrzeichen der Stadt, übrig. Der Turm diente als Pulverkammer und Gefangenenverlies; im oberen Teil standen Geschütze. Unweit des Turms liegt der um 1600 angelegte Fürstengarten mit der 1979 restaurierten Grotte und einem schönen alten Ginkgobaum. Vom Park, vom Turm und von anderen Punkten der Oberstadt hat man einen herrlichen Blick auf die Unterstadt, die Elbe und weit hinein nach Niedersachsen und Mecklenburg hinüber.
Die Maria-Magdalenen-Kirche, die zur Erinnerung an den Sieg in der Schlacht bei Bornhöved am Maria-Magdalenentage 1227 von Herzog Albrecht I. gestiftet worden ist, wurde im Laufe der Zeit verschiedentlich umgebaut. 1827 erhielt die Kirche ihre heutige Gestalt. Von den Kunstwerken im Innern der Kirche seien erwähnt: lebensgroße Sandsteinfiguren von Herzog Franz und seiner Gemahlin, eine kesselförmige Bron-

zetaufe, das hölzerne Triumphkreuz sowie prächtige mittelalterliche Leuchter.
Das Elbschiffahrtsmuseum befindet sich unweit der Kirche in der Elbstraße 59 im alten Rathaus. Neben Darstellungen zur Geschichte und Heimatkunde werden vor allem Überblicke über die verschiedenen Epochen der Elb- und Kanalschiffahrt geboten. Im Museum befindet sich auch ein Funktionsmodell der am Ostende Lauenburgs zu besichtigenden Palmschleuse, der ältesten erhaltenen Kammerschleuse Nordeuropas.
Zu einem neuen Wahrzeichen Lauenburgs ist der „Rufer“, eine Bronzeplastik des Alt-Möllner Bildhauers Karlheinz Goedtke, geworden. Er symbolisiert den Gruß, der vorbeifahrenden Schiffen zugerufen wird. Der Platz beim „Rufer“ ist die Anlegestelle für die Personenschiffahrt der Weißen Elbflotte, die verschiedene Ausflugsfahrten durchführt. Wer es etwas nostalgischer liebt, kann mit dem letzten noch fahrenden, kohlebefeuerten Schaufelraddampfer der Bundesrepublik, der „Kaiser Wilhelm“, eine Tour auf der Elbe nach Boizenburg, Hitzacker oder Hoopte unternehmen. Ebenso geschichtsträchtig ist der Besuch im Mühlenmuseum. Die restaurierte Windmühle von 1873 ist gleichzeitig Restaurant.

Radtour zwischen Geesthacht und Lauenburg beiderseits der Elbe

Geesthacht – Artlenburg – Lauenburg – Tesperhude – Geesthacht
Entfernung: ca. 40 km; Dauer: ca. 4 Stunden

Wir starten unsere Tour an der Geesthachter Elbbrücke auf schleswig-holsteinischer Seite. Auf der Brücke überqueren wir mit Blick auf die Schleusenanlagen und die Staustufe zunächst die Elbe. Am Deich entlang geht es weiter über Marschacht und Tespe mit Blick auf das gegenüberliegende Steilufer mit Pumpspeicherwerk und Atomkraftwerk Krümmel. In Tespe umfahren wir den kleinen Hafen entweder auf einem Schotterweg vor dem Deich oder auf der Elbuferstraße, bevor der Radweg sich am Deich über Avendorf nach Artlenburg fortsetzt. In Artlenburg befand sich im Mittelalter einer der wichtigsten Elbübergänge in Norddeutschland. Hier lag auch eine Zollstätte für das aus Lüneburg in Richtung Norden weitertransportierte Salz. Wir fahren links in den Kirchstieg hinein und gelangen an der Kirche vorbei wieder an die Elbe. Im Ort gibt es einige Einkehrmöglichkeiten. Ein Stück weiter elbaufwärts biegen wir kurz vor der Mündung des Elbe-Seiten-Kanals in den Wiesenweg ein und unterqueren hinter der 1890 erbauten achteckigen Holländerwindmühle die B 209.

Elbe-Seiten-Kanal und Schiffshebewerk Scharnebeck

Der 112 Kilometer lange Elbe-Seiten-Kanal verbindet den Mittellandkanal mit der Elbe. Am Kanal führt ein Radweg entlang, von dem man einen interessanten Abstecher zum größten Senkrechtschiffshebewerk der Welt unternehmen kann. 38 Meter werden die Schiffe in dem Doppelschiffshebewerk in Scharnebeck wie in einem Fahrstuhl auf- und abbefördert. Eine Ausstellung informiert über Wasserstraßen, Schleusen und Hebewerke. Von Scharnebeck aus kann man den Abstecher auch bis nach Lüneburg, z. B. über den markierten Radfernweg Lübeck–Lüneburg, fortsetzen und von dort per Bahn nach Lauenburg zurückkehren. Bis zum Schiffshebewerk sind es etwa neun, bis nach Lüneburg ca. 17 Kilometer.

Die Zweikammerschleuse und die Staustufe gehören zu den interessanten technischen Bauwerken Geesthachts (oben).

Das Doppelschiffshebewerk in Scharnebeck transportiert die Schiffe auf dem Elbe-Seiten-Kanal über 38 Meter senkrecht hinauf und hinunter (unten).

Auf der Brücke überqueren wir den Elbe-Seiten-Kanal und fahren geradeaus weiter bis zum Ende des Weges, wo wir uns links halten und über die Bundesstraße hinüber wieder am Deich entlang nach Hohnstorf kommen. Von hier können wir einen herrlichen Blick auf die malerische Unterstadt Lauenburgs am gegenüberliegenden Ufer werfen. Am Deich nahe der Elbbrücke liegt das „Café Koch“. Hier müssen wir das Fahrrad die Stufen zur Elbüberquerung hinauftragen. Wer nicht absteigen möchte, muß sich vorher rechts halten und auf dem Radweg der Bundesstraße an der Abzweigung nach Bleckede vorbei auf die 1951 erbaute Brücke begeben, die das niedersächsische mit dem schleswig-holsteinischen Elbufer verbindet.
Am Bahnhof vorbei überqueren wir den Elbe-Lübeck-Kanal und biegen links in die Altstadt Lauenburgs ein. Von hier aus bietet sich eine interessante Radtour entlang dem Elbe-Lübeck-Kanal an, die wir oben an der Brücke der B 5 oder an der Palmschleuse vorbei über den Ort Lanze beginnen können. Der Kanalweg führt als reizvoller Abstecher nach Mölln und Lübeck, aber auch Ratzeburg und der Naturpark Lauenburgische Seen können angesteuert werden. Verschiedene Rückkehrmöglichkeiten per Bahn eröffnen sich entlang der Strecke Lübeck–Lauenburg.
In der Altstadt Lauenburgs ist der Straßenbelag nicht gerade radfahrerfreundlich, aber es lohnt sich ohnehin zu schieben oder das Fahrrad abzustellen, um die Unterstadt mit den zahlreichen alten Fachwerkhäusern, der Maria-Magdalenen-Kirche und dem Elbschiffahrtsmuseum zu erkunden. Auch einen Blick auf die Skulptur des „Rufers“ und den alten Schaufelraddampfer „Kaiser Wilhelm“ an der Elbe oder einen Aufstieg in die Oberstadt zum Schloßturm, Fürstengarten und Mühlenmuseum sollte man sich nicht nehmen lassen.
Unsere Radtour setzen wir an der Elbstraße hinter dem Elbschiffahrtsmuseum fort. Man kann auch direkt am Elbufer entlangradeln, aber der Weg ist zum Teil sandig und holperig, so daß er sich eher für eine hübsche Wanderung eignet. Wir fahren also nach rechts die steile Straße zur Oberstadt hinauf – eine echte Herausforderung für den Gelände-Radler. Auch wer das Fahrrad hinaufgeschoben hat, wird oben an der Bundesstraße erst einmal verschnaufen, bevor es links auf der B 5 weitergeht. Wir verlassen Lauenburg und fahren nach etwa

zwei Kilometern links in den Glüsinger Grund hinein. In einer scharfen Rechtskurve der Straße, von der nach links auch ein Weg abgeht, fahren wir schräg links einen Waldweg bergan. Wer diese Abzweigung verpaßt hat, kann auch auf der Straße bleiben, sich links halten und links vom Friedhof zur Ertheneburg gelangen. Unser Waldweg besitzt auf einem Teilstück noch die Pflasterung der Alten Salzstraße, links liegen ein Parkplatz und das archäologische Denkmal Ertheneburg. Die frühmittelalterliche Burg lag am Elbübergang der Alten Salzstraße, auf der das in Lüneburg gewonnene Salz zum Weiterhandel nach Lübeck transportiert wurde. Der 1026 erstmals erwähnte Wehrbau wurde 1181 von Heinrich dem Löwen auf der Flucht vor Kaiser Barbarossa niedergebrannt und danach abgetragen. Der Name lebt heute in dem auf der anderen Elbseite liegenden Ort Artlenburg weiter. Rechts erreichen wir eine Kreuzung, auf der wir geradeaus weiterradeln; nach links geht es zur Elbe hinab, wo man direkt am Ufer auch nach Tesperhude fahren kann; nach rechts geht der offizielle Radweg Nr. 20 ab, der über Gülzow und Witzeeze nach Lauenburg zurückführt.

Im Wald halten wir uns links und folgen nicht dem mit einem Frosch-Symbol markierten Wanderweg, der im größeren Bogen nach Tesperhude führt. Der mit einem Pilz-Symbol markierte Weg, der bis Geesthacht und Börnsen weiterführt, biegt kurz darauf nach links Richtung Elbe ab, während wir uns geradeaus halten. Wenig später können wir nach rechts einen Abstecher zu einigen Hügelgräbern aus der älteren und mittleren Bronzezeit sowie zu einem etwa zwei Kilometer langen Waldschutzlehrpfad machen, der auf diversen Schautafeln Hinweise zur Biologie und Ökologie des Waldes gibt.

Auf unserem Weg halten wir uns immer geradeaus und bleiben auf dem Waldweg, kommen über eine Holzbrücke und ein kopfsteingepflastertes Wegstück, bis es bergab geht und wir in Tesperhude eine Asphaltstraße erreichen, auf der wir ein Stück nach links fahren und zur Hauptstraße kommen. Hier erreichen wir in linker Richtung wieder die Elbe.

Auf dem Weg nach Geesthacht passiert man an der Elbe zunächst das bedrohlich wirkende Atomkraftwerk Krümmel, das 1983 nach zwölfjähriger Bauzeit in Betrieb gegangen ist. Vorbei an dem Restaurant „Krümmler Eck" kommen wir zum Energiepark Geesthacht der Hamburgischen Electri-

citäts-Werke (HEW), in dem das Zusammenwirken der drei regenerativen Energien Wasser, Wind und Sonne bei der Stromerzeugung erprobt wird. Neben dem Solarfeld und der Windkraftanlage ist das HEW-Pumpspeicherwerk das Herzstück des Energieparks. Hier wird aus einem auf dem hohen Geestrand gelegenen Staubecken Wasser zur Stromgewinnung durch mächtige Rohre in die Elbe abgelassen. Das Kraftwerk dient mit seiner schnellen und kurzfristig verfügbaren Energieproduktion vor allem dazu, Energie in Spitzenzeiten des Strombedarfs zur Verfügung zu stellen sowie als Reserve beim Ausfall anderer Kraftwerke. In Zeiten geringen Strombedarfs wird ein Teil der dann reichlich verfügbaren Energie dazu verwandt, Wasser aus der Elbe in das Staubecken (das man auch umwandern kann) hochzupumpen.
An dem elbnahen Rad- und Wanderweg finden wir hier, wie auch an anderen Stellen, interessante Trockenstandorte, auf denen Mauerpfeffer, Sandglöckchen, Königskerzen und andere Pflanzen bewundert werden können. Vorbei am Freizeitbad kommen wir nach Geesthacht hinein; die Innenstadt mit diversen Einkehrmöglichkeiten liegt dann zur Rechten, und man kann z. B. in die nach rechts abgehende Fähr-, Siel- oder Elbstraße einbiegen, um einen Abstecher zum Krügerschen Haus und zur kleinen Fachwerkkirche zu machen.
Wir setzen unsere Tour entlang der Hauptstraße fort. An der Kreuzung halten wir uns links Richtung Elbbrücke und B 404. An der Geesthachter Schleuse vorbei erreichen wir wieder die Elbbrücke.

2 km
Hamwarde
Gülzow
Juliusburg
209
Tesperhude
Totenhaus
Schnakenbek
LAUENBURG
M
Hohnstorf
(Elbe)
Artlenburg
Tespe
Bütlingen
Stausee
5
GEESTHACHT
Elbe
Rönne
404
Start

■ Information und Besichtigungen

21502 Geesthacht
Kernkraftwerk Krümmel, Informationszentrum
Elbuferstr. 82
☎ 0 41 52/59 40
Ausstellung geöffnet von 9 bis 16 Uhr, außer montags.

Energiepark Geesthacht „Dialogicum"
Elbuferstraße 49
☎ 0 41 52/9 39 28
Öffnungszeiten Informationszentrum: März–Okt. tgl. 9–16.30 Uhr; Nov.–Feb. Mo.–Fr. 10–16 Uhr; Gruppen bitte telefonisch anmelden.

St. Salvatoris-Kirche
Kirchenstieg 1
Kirchenbesichtigung nach Vereinbarung.
☎ 0 41 52/22 08

Schleusenanlagen mit Staustufe
Schleuse Geesthacht
Information ☎ 0 41 52/29 92

Forschungszentrum GKSS
Max-Planck-Str. 1
Besichtigung nach Vereinbarung möglich.
☎ 0 41 52/8 70

Alte Dampfzüge, Sonderfahrten
Arbeitsgemeinschaft Geesthachter Eisenbahn e. V.
Information ☎ 0 41 52/1 32 78, an Betriebstagen ab 10 Uhr 0 41 52/7 78 99

21481 Lauenburg/Elbe
Raddampfer „Kaiser Wilhelm"
Information bei der Abteilung Tourismus und Kultur Lauenburg; Anmeldung nur für Gruppen möglich, Buchung über Dr. Ernst Schmidt (☎ 0 41 02/6 17 35).

Schloßturm
Am Schloß
Tgl. geöffnet (8–16.30 Uhr) 1. März bis 31. Oktober.

■ Restaurants und Cafés

21481 Lauenburg
Zum Alten Schifferhaus
Elbstraße 114
☎ 0 41 53/5 86 50
Spezialitäten von der Küste und vom Binnenland, im alten Fachwerkhaus von 1663 an der Elbe; auch Hotel.

Zum Rufer
Elbstraße 100
☎ 0 41 53/5 35 37
Im Sommer Rote Grütze; Blick auf die Elbe, direkt am „Rufer".

Hotel Möller
Elbstraße 44–50
☎ 0 41 53/5 90 80
Hausspezialität: „Lauenburger Schiffermahl" mit verschiedenen Fisch- und Fleischsorten; mit Elbterrasse.

Lauenburger Mühle
Bergstraße 17
☎ 0 41 53/25 21
Zahlreiche Spezialitäten, u. a. vom Wild und aus dem Steinbackofen; in alter Mühle mit Mühlenmuseum.

21502 Geesthacht
Krümmler Eck
Elbuferstraße 72
☎ 0 41 52/7 41 28
Schwerpunkt in der norddeutschen Küche, an der Elbe gelegen.

Stadt Hamburg
Markt 1
☎ 0 41 52/8 81 80
Donnerstag Ruhetag.
Restaurant mit auserlesenen hauseigenen Spezialitäten, reichhaltigem Weinangebot und eigenem kulinarischen Veranstaltungskalender, auch Hotel.

Fährhaus Ziehl
Fährstieg 20
☎ 0 41 52/30 41
Freitag Ruhetag.
Ausgezeichnete Küche mit ausgewählten frischen Zutaten, auch Hotel.

Elbblick
Elbuferstr. 102
☎ 0 41 52/28 35
Mittwoch Ruhetag.
Besonders Fisch und Wild; mit Blick auf die Elbe in Grünhof-Tesperhude gelegen.

Landhaus Tesperhude
Elbuferstraße 100
☎ 0 41 52/7 22 44
Dienstag Ruhetag.
Spezialitäten je nach Saison, reichhaltiges Weinangebot; auch Hotel.

21436 Marschacht
Marschachter Hof
Elbuferstraße 113
☎ 0 41 76/9 13 20
Hotel und Restaurant mit gutbürgerlicher Küche, saisonalen und vegetarischen Gerichten.

21395 Tespe
Fährhaus Tespe
Elbuferstraße 200
☎ 0 41 76/9 13 50
Dienstag Ruhetag.
Gutbürgerliche Küche, Fischspezialitäten, selbstgebackener Kuchen, Kaffee-Terrasse; auch Hotel.

21380 Artlenburg
Schützenhof Artlenburg
Große Straße 22
☎ 0 41 39/70 30
Montag Ruhetag.
Fisch- und Pfannengerichte, Saisongerichte.

21522 Hohnstorf
Café Koch
Elbdeich 35
☎ 0 41 39/66 10 u. 65 25
Montag Ruhetag.
Herrlicher Blick auf das Elbufer Lauenburgs, reichhaltige Karte, Fischgerichte, Eis und Kuchen.

Bleckede und Hitzacker im Herzen der Elbtalaue

Hinter Lauenburg, wo die Gezeitenwirkung auf den Strom und damit die untere Elbe endet, beginnt der rund 470 Kilometer lange Mittellauf, der sich etwa bis Riesa erstreckt, wo die Elbe aus dem Hügelland ins Flachland kommt und sich bis zur Quelle der Oberlauf des Flusses fortsetzt.
Die wunderbare Naturlandschaft ermöglicht nicht nur ruhige, fast einsame Rad- und Wandertouren, sondern auch ein vielfältiges Naturerlebnis. Marsch und Geest verzahnen sich, und bisweilen stoßen die Moränenzüge der Eiszeit bis an die Elbe und bilden beeindruckende Steilufer wie in der Altmoränenlandschaft bei Hitzacker. Diese bedeuten zwar anstrengende Steigungen für den Radler, bieten aber auch herrliche Ausblicke auf die Elbtallandschaft, besonders von den Aussichtstürmen auf dem Kniepenberg bei Neu Darchau und in der Klötzie bei Hitzacker, die sich 100 Meter und mehr über die umliegenden Landschaften erheben.
Altarme, Bracks, Feuchtgrünländer, Auwälder, Wanderdünen und diverse weitere Feucht- und Trockenlebensräume machen die Erkundungen für den naturkundlich interessierten Besucher zu einem besonderen Erlebnis. Zahlreiche Schutzgebiete sichern den Erhalt der wertvollsten Naturareale. Beiderseits der Elbe liegen Naturparks, die vor allem die Erholungsfunktion in den Vordergrund stellen. Der 1968 eingerichtete Naturpark Elbufer-Drawehn in Niedersachsen bietet neben der Flußlandschaft des Elbufers im Hinterland eine wechselvolle Hügellandschaft mit weiten Kiefernforsten, Wiesen und Feldern, in der Göhrde auch noch ausgedehnte Mischwaldareale. Von den früher weitverbreiteten Heidegebieten ist allerdings nicht allzuviel übriggeblieben. Ein dichtes Netz von Wander- und Radwanderwegen, ruhige Rastplätze und zahlreiche Sehenswürdigkeiten ermöglichen dem Besucher hier einen erholsamen Aufenthalt, ebenso wie in dem Naturpark Mecklenburgisches Elbetal auf der anderen Seite der Elbe, von dem aber das Amt Neuhaus ausgenommen ist, das bald nach der Wende wieder zu Niedersachsen gekommen ist und seit 1996 auch zum niedersächsischen Naturpark gehört.

Zwischen der Elbbrücke bei Lauenburg und der bei Dömitz gibt es bei Bleckede und Neu Darchau regelmäßig verkehrende Auto- und Personenfähren, während die Fähren bei Boizenburg und Hitzacker nicht ständig im Einsatz sind. Hauptanlaufpunkte dieses Elbeabschnitts sind die beiden Städte Bleckede und Hitzacker mit ihren hübschen Fachwerkbauten und weiteren Sehenswürdigkeiten.

Schloßstadt Bleckede

Im Jahre 1209 übertrug Herzog Wilhelm von Lüneburg die Rechte der zerstörten Stadt Bardowick auf Bleckede. Sein Vater Heinrich der Löwe hatte hier bereits eine Wasserburg gegen die Slawen errichtet, der Name „Löwenstadt" konnte sich jedoch nicht durchsetzen. Bleckede blieb wegen des Elbzolls begehrt. Nach wechselnden Herrschern war die Stadt vom 14. bis 16. Jahrhundert im Pfandbesitz der Stadt Lüneburg. Überschwemmungen durch Deichbrüche an der Elbe und verheerende Brände richteten im 17. Jahrhundert großen Schaden in der Stadt an, die hernach mit hübschen Fachwerkhäusern wieder aufgebaut wurde. Die Fachwerkarchitektur der meisten Häuser in der Einkaufsstraße stammt aus dem 17. und 18. Jahrhundert. Die besonders hübschen Häuser Nr. 47 und 51 beherbergten ehemals das Rathaus von Bleckede.
Das Amt Bleckede wurde unter preußischer Herrschaft 1885 mit dem Amt Neuhaus auf der anderen Elbseite zum Kreis Bleckede zusammengelegt. Nach dem Zweiten Weltkrieg wurde Bleckede, das in den letzten Kriegstagen noch heftig umkämpft war, von seinem Hinterland auf der anderen Seite der Elbe abgeschnitten. Der Wegfall der Grenze zur DDR ermöglichte nach der Wende die Vereinigung des Ortsteils Neu Bleckede mit der Stadt. 1990 wurde auch die vor dem Krieg bestehende Fährlinie über die Elbe wieder eingerichtet.
Das Bleckeder Schloß ließ Herzog Ernst von Braunschweig im Jahre 1600 anstelle der verfallenen Burg mit Nebengebäuden im Fachwerkstil errichten, der Westflügel kam 1743 hinzu. Von der um 1270 erstmals erwähnten Burg steht heute noch der um 1500 erbaute steinerne Rundturm. Graben- und Parkanlagen umgeben das Gelände. Ende Mai eines jeden Jahres sind im Schloßhof die holden Klänge der Bleckeder Musik-

Die weiten Überschwemmungsflächen der Elbe bei Bleckede gehören zum Schutzgebiet Elbtalaue (oben).

Das zweiflügelige Bleckeder Schloß stammt aus dem Jahr 1600. Herzog Ernst von Braunschweig ließ es anstelle einer verfallenen Burg im Fachwerkstil errichten (unten).

festspiele „Musikalischer Frühling" zu vernehmen. Im Schloß befindet sich auch eine kleine Ausstellung zur Heimatkunde mit Informationen zur Ur- und Frühgeschichte, Verfassungsgeschichte, Elbeschiffahrt und anderen Themen. Für den naturkundlich Interessierten gibt es im Elbtal-Haus, einem klassizistischen Fachwerkhaus mit ziegelgedecktem Walmdach von 1840, eine Ausstellung zum Natur- und Umweltschutz und zur Tier- und Pflanzenwelt der Elbtalaue. Ein Aquarium mit Elbfischen, ein begehbares Auwald-Diorama, eine Ton-Diaschau über die Elbe und viele Informationstafeln zu den Lebensräumen und zur Geologie machen den Besuch zu einem besonderen Erlebnis.
Die evangelische Kirche St. Jacobi von 1765/66 liegt im Zentrum der Stadt und besitzt im Innern eine barocke Orgel, einen Taufstein von 1604, eine reichverzierte Renaissancekanzel sowie eine spätgotische Kreuzigungsgruppe von 1490.
Am Elbehafen mit der Promenade, einem Tretbootverleih und dem Fähranleger startet das Fahrgastschiff „Bleckeder Löwe", das neben Elberundfahrten und Chartertouren auch die beliebten Lampionfahrten anbietet.
Im Ortsteil Breetze liegt ein kleiner Findlingsgarten, in dem man sich über die steinernen Zeugen der Eiszeit, ihr unterschiedliches Aussehen und ihre verschiedenen Herkunftsgebiete informieren kann. Steinerne Zeugen anderer Art sind die Großsteingräber im Schieringer Forst bei Barskamp, Hünengräber der Jungsteinzeit, die etwa aus der Zeit von 3000 bis 2300 v. Chr. stammen.

Stadtinsel zwischen Elbe und Jeetzelmündung – Hitzacker

Der Blick vom Weinberg auf die von Elbe und Jeetzel umgebene malerische Altstadt Hitzackers und bis weit ins Mecklenburgische gehört nicht nur zu den schönsten, sondern auch zu den bekanntesten Ansichten der Mittelelbe. Die strategische Bedeutung dieser Lage zur Kontrolle von Jeetzel und Elbe läßt sich unschwer erkennen. Bereits im 7. Jahrhundert stand hier eine slawische Befestigungsanlage, die später zu einer festen Burg ausgebaut wurde. Sie ging in deutsche Hand über, wurde aber im Jahre 1468 durch Otto den Siegreichen zerstört. Die Mauerreste stammen von Ausgrabungen, die während der siebziger Jahre durchgeführt wurden und deren Funde im Heimatmuseum zu besichtigen sind. Der Weinbau kam nach einer Zerstörung der Reben im Jahre 1713 zum Erliegen und wurde erst 1980 an der Südseite wieder aufgenommen. Hitzacker besitzt damit den nördlichsten Weinberg Deutschlands, und der Tropfen soll durchaus trinkbar sein. Interessant ist auch die im 17. oder 18. Jahrhundert als Tanzbaum gezogene, weit ausladende Riesenkastanie am Weinberg. Bis zum Ende des 19. Jahrhunderts wurde der Baum zum Tanzen genutzt, die Musiker saßen in den oberen Astgabeln.

Nach einer ersten urkundlichen Erwähnung im Jahre 1162 erhielt Hitzacker 1258 das Stadtrecht. Von 1604 bis 1636 war die Stadt Residenz von Herzog August dem Jüngeren von Braunschweig-Lüneburg. Das in dieser Zeit erbaute Schloß wurde im Dreißigjährigen Krieg zerstört, und die 1614 gegründete Bibliothek verlegte man 1636 nach Wolfenbüttel, wo sie zum Grundstock der dortigen, später berühmt gewordenen Bibliothek wurde. Das Kavaliershaus am Markt ist ein wieder aufgebauter Rest der ehemaligen Schloßanlage. Ebenfalls am Markt, an einer Wand des Rathauses, sind die Wappen des Herzogs und seiner beiden Frauen angebracht.

Vom Elbzoll und dem Handel über die Jeetzel, vor allem mit der Stadt Salzwedel, profitierte die Stadt. Das älteste Haus Hitzackers ist das Zollhaus von 1589, in dem bis 1872 der Elbzoll eingetrieben wurde und das heute das Walter-Honig-Heimatmuseum beherbergt. Neben der Ausstellung des bekannten germanischen Fürstengrabes von Marwedel informiert das Museum über die Jeetzelschiffahrt, die Flachsweberei und die Stadtgeschichte.

Großbrände und Hochwasser der Elbe, aber auch Kriegswirren, z. B. während der napoleonischen Besatzungszeit, brachten der Stadt immer wieder Zerstörungen.

Die 1872 über Hitzacker geführte Bahnlinie verband die Stadt mit Hamburg und Berlin. Eine 1883 erschlossene, eisenhaltige Heilquelle brachte nicht den erwünschten Aufschwung als Bad. Der Ausbau des Kurgebiets mit Kurpark, Kurhaus, Kurmittelhaus und verschiedenen Freizeiteinrichtungen begründen aber den guten Ruf Hitzackers als Kur- und Erholungsort in neuerer Zeit. Nach dem Zweiten Weltkrieg hatte die Stadt unter der innerdeutschen Teilung und der abgeschiedenen Lage an der Grenze zu leiden.

Der Blick vom Weinberg auf den Ort Hitzacker und die Elbe gehört zu den bekanntesten und eindrucksvollsten Ansichten der Stromlandschaft (oben).

Viele Fachwerkbauten prägen die malerische Innenstadt Hitzackers. Trotz zahlreicher Zerstörungen stellt die Altstadt noch heute ein recht geschlossenes Ensemble historischer Bausubstanz dar (unten).

In der Altstadt sollte man die Gassen erkunden und das Ensemble der zahlreichen Fachwerkhäuser auf sich wirken lassen. Neben dem Zoll- und dem Kavaliershaus finden wir die Geburtshäuser von Conrad Borchling (1872–1946), dem germanischen Philologen und Erforscher der niederdeutschen Sprache, und von Bernhard Varenius (1622–1650), dem Begründer der physikalischen Geographie und Verfasser der „Geographia Generalis“. Eines der ältesten Gebäude der Stadt ist das Haus in der Drawehnertorstraße Nr. 7, direkt an der Jeetzel gelegen, das bereits in einem Steuerregister von 1655 auftaucht.

Die schon im 13. Jahrhundert erwähnte St. Johannis-Kirche stammt in ihrer jetzigen Gestalt aus dem Jahre 1678. Interessant sind die farbigen Kirchenfenster (1917–1928), die verschiedene Geschichten des Alten und Neuen Testaments darstellen.

Am Hitzacker See, der auch Bademöglichkeiten eröffnet, lassen sich im Archäologischen Zentrum Hitzacker Stein- und Bronzezeit hautnah erleben. Hier kann man nicht nur Archäologen bei der Arbeit zusehen und nachgebaute Langhäuser besichtigen, sondern sich auch durch eigenes Erleben ein Bild von der Lebens- und Arbeitsweise unserer urzeitlichen Vorfahren machen. An den „Tagen der lebendigen Archäologie“ an zwei Wochenenden im Jahr werden verschiedene handwerkliche Techniken und Verfahren der Vorzeit von Fachleuten vorgestellt.

Weitere Veranstaltungsschwerpunkte sind musikalischer Art: Die Musikwoche im Februar und die seit 1946 stattfindenden „Sommerlichen Musiktage“ sind weit über die Region hinaus bekannt. Besonders traditionsreich ist das Schützenfest. Die Schützengilde Hitzackers, die sich seit 1395 nachweisen läßt, ist eine der ältesten Norddeutschlands.

Kutschfahrten, ausgedehnte Rad-, Reit- und Wanderwege, Bootsfahrten auf der Jeetzel, Ausflugsfahrten auf der Elbe, Freibad, Minigolfplatz und weitere Freizeitangebote ermöglichen dem Besucher einen interessanten und vielseitigen Aufenthalt in Hitzacker und der weiteren Umgebung.

Radtour Lauenburg – Bleckede

Lauenburg – Hohnstorf – Bleckede – Boizenburg – Lauenburg
Entfernung: ca. 53 km; Dauer: ca. 5 Stunden

Lauenburg ist per Bahn gut zu erreichen. Der Bahnhof befindet sich direkt an der Elbe, und wir können uns von dort gleich auf die in Richtung Lüneburg führende Elbbrücke begeben und während der Überfahrt den grandiosen Blick auf die Altstadt Lauenburgs genießen. Auf der niedersächsischen Seite halten wir uns links in Richtung Bleckede und sogleich wieder links nach Hohnstorf hinein, wo wir auf dem Deich weiterfahren. Die grünen Schilder des Radfernwanderwegs Hamburg–Schnackenburg markieren hier die Route. Der Blick vom Deich ins Vorland lohnt sich: Neben Grünländern, Röhrichten und Gebüschen lockern auch Tümpel, Bracks und einzeln stehende Bäume das Landschaftsbild auf. Besonders unberührt ist die Landschaft auf dem gegenüberliegenden Ufer, das als ehemaliger Grenzbereich zur DDR jahrzehntelang von menschlichen Einflüssen weitgehend unbeeinflußt geblieben ist. Den Weißstorch, der zu den Charaktervögeln der Elbtalaue gehört, kann man des öfteren im Deichvorland beobachten. In Barförde, wie auch in anderen Dörfern im weiteren Verlauf unserer Tour, können wir Störche auch auf Hausdächern und frei stehenden Pfählen bei ihrem Brutgeschäft beobachten.

Wir passieren an einer alten Eiche am Deich einen Campingplatz. Vor dem Deich liegt das Gebiet Vierwerder mit Altarmen der Elbe, das ebenso wie das später folgende ehemalige Naturschutzgebiet Altwasser bei Brackede interessante Wandermöglichkeiten bietet. Ornithologisch Interessierte sollten das Fernglas mitnehmen. Die weiten Vorlandflächen sind Rast-, Nahrungs- und Brutgebiet zahlreicher Vogelarten, wie z. B. Brachvogel, Uferschnepfe, Bekassine, Kampfläufer sowie diverser Gänse-, Schwan- und Entenarten. Bei Brackede gibt es seit 1994 auch eine Fährverbindung für Fußgänger und Radfahrer nach Boizenburg hinüber, allerdings mit eingeschränkten Fahrtzeiten (Anschläge beachten oder telefonisch erfragen).

Wir kommen nach Radegast, wo nahe dem Deich die Kirche von 1452 mit ihrem Barockturm liegt. Das gegenüberliegende Pfarrwitwenhaus von 1674 ist ein strohgedecktes Zweistän-

derhaus. Der Weg führt noch einmal direkt an die Elbe, wo der Ausblick zu einer kleinen Rast einlädt, bevor es entlang dem Radegaster Haken weitergeht. Hier begann der 1998 eingerichtete, aber bereits 1999 wieder aufgehobene niedersächsische Nationalpark Elbtalaue. Es folgt bis Bleckede das Schutzgebiet Bleckeder Elbwerder mit Vitico und Achterholz. Der Ausblick auf das abwechslungsreiche Deichvorland und den hinter dem Deich gelegenen Staatswald Vitico ist beeindruckend (siehe auch Wanderungen).
An einem Parkplatz vor Bleckede biegen wir ab auf den Radweg der Elbuferstraße und verlassen diese kurz darauf nach links in den Marschweg. Am Deich entlang passieren wir das Bleckeder Schloß und sehen später die Kirche des Ortes zur Rechten. Hier können wir entweder die Treppe über den Deich nehmen oder fahren ein Stück weiter und biegen dann nach links auf die Straße zum Fähranleger Bleckede/Neu Bleckede.
Bei Neu Bleckede liegt das Schutzgebiet Elbdeichvorland mit Altarmen der Elbe und Sude. Angrenzende landwirtschaftliche Flächen werden zum größten Teil extensiv bewirtschaftet. Wir befinden uns noch in Niedersachsen, da die Bewohner der Region nördlich der Elbe von Neu Darchau bis Wehningen bei Tripkau sich nach der Wende in einer Abstimmung für die Zugehörigkeit zu diesem Bundesland entschieden haben. Ein alter Wachturm am Deich erinnert daran, daß die Elbe hier früher die Grenze zwischen den beiden deutschen Staaten gewesen ist. Den Weg auf dem Deich kann man auch für die Rücktour nach Bleckede wählen. Da dieser – wenn er auch einen besonders schönen Anblick bietet – mit seinen Betonplatten ausgesprochen holperig ist, sei noch eine andere Strecke empfohlen. Dazu fahren wir vom Anleger nach Neu Wendischthun, wo einige schöne reetgedeckte Höfe mit alten Eichen stehen, die wahrscheinlich Reste ehemaliger Auwälder an der Elbe darstellen. In eine schöne Lindenallee biegen wir dann nach links Richtung Hinterhagen ab, wo wir nach Mecklenburg-Vorpommern gelangen. Es geht weiter nach Vorderhagen, wo wir uns an der B 195 links halten. Nach Überqueren der Sude fahren wir in Bandekow links in den Grauen Weg hinein. Der Weg führt zunächst am Deich der Sude entlang bis zur Weggabelung, wo wir den Deich verlassen und uns rechts halten, bis nach links ein Sandweg abgeht, der uns zu einem

Binnendünenkomplex in den Bollbergen bei Gothmann führt (Naturschutzgebiet). Die ebenfalls an unserem Weg gelegene Sudeniederung im Naturpark Mecklenburgische Elbtalaue weist vor allem umfangreiche Feuchtgrünlandflächen im Rückstaugebiet der Sude auf. Während der Eiszeit herantransportierte Sande, die zu einer Höhe von 12 bis 13 Metern aufgeweht worden sind, haben eine Binnendüne entstehen lassen, die zahlreiche wertvolle Trockenstandorte aufweist. Hier kommen seltene Pflanzen- und Tierarten vor: viele Schmetterlingsarten, Heuschrecken wie die Ödlandschrecke, die Gestreifte Zartschrecke, die Westliche Beißschrecke und der Steppengrashüpfer sowie andere wirbellose Tiere und seltene Vogelarten wie das Schwarzkehlchen, der Steinschmätzer und die Heidelerche. Interessant sind auch die libellenähnlichen Ameisenjungfern, deren Larven an der Basis eines Sandtrichters warten, um am Trichterrand abrutschende Insekten zu erbeuten, wobei sie durch Sandwerfen etwas nachhelfen können. Zur Beute der mit kräftigen Kiefern versehenen Larven gehören vor allem Ameisen, weshalb sie auch als Ameisenlöwen bezeichnet werden.
In Gothmann, einem ehemaligen Fischerdorf am Unterlauf der Sude, halten wir uns zunächst geradeaus. Wer will, kann in dem Ort auch die Sude überqueren und am Elbdeich entlang im Bogen nach Boizenburg fahren. Der kürzeste Weg führt jedoch hinter Gothmann nach links zum Sudedeich. Linker Hand liegt abermals ein ehemaliger Grenzturm, der heute von den Vogelschützern der Gegend genutzt wird. An der folgenden Kreuzung fahren wir nach rechts und sehen bereits in der Ferne den Kirchturm Boizenburgs. Hinter dem Ortseingang erreichen wir auf Kopfsteinpflaster nach kurzer Fahrt die Hauptstraße und nach links den Marktplatz Boizenburgs.

Boizenburg

Boizenburg ist eine Kleinstadt mit etwa 12 000 Einwohnern an der Mündung der Boize in die Elbe. Älteste urkundliche Erwähnungen stammen aus den Jahren 1158 und 1241, das Datum der Stadtgründung wird mit 1255 angegeben. Im Mittelalter besaß die Stadt wirtschaftliche Bedeutung durch ihre Lage an der Salzstraße, die von Lüneburg nach Wismar führte. Neben dem Salzhandel lebten die Bewohner von der Schiffahrt, vom Fischfang, vom Handwerk und von der Landwirtschaft. Am Marktplatz stoßen wir gleich auf die bedeutendsten Sehenswürdigkeiten der Stadt. Das Rathaus, ein Musterbeispiel barocken Fachwerkbaus, wurde 1712 fertiggestellt, nachdem ein Stadtbrand im Jahre 1709 den Vorgängerbau und fast die gesamte Stadt zerstört hatte. Die in der zweiten Hälfte des 13. Jahrhunderts erbaute Marienkirche wurde dabei ebenfalls vernichtet, aber im Laufe der folgenden Jahrzehnte wieder aufgebaut. Das Heimatmuseum am Kirchplatz, ein schönes Beispiel für die Baukunst des 18. Jahrhunderts, informiert über die Geschichte der Stadt und ihrer Umgebung, die ländliche Volkskultur im westlichen Mecklenburg und den Schiffbau. Das Erste deutsche Fliesenmuseum zeigt Wandfliesen, deren Produktion in Boizenburg eine lange Tradition besitzt. Hier finden auch Tausch- und Kaufbörsen für Fliesensammler statt. Der Stadtkern ist von einer Wallanlage mit zwei Gräben umgeben. Die hohen Linden mit den hübschen Fachwerkhäusern laden zum Spazierengehen und Verweilen ein, ebenso wie der Stadtpark oberhalb der Elbe-Werft, der Toitenwinkel und der hübsche Friedhof im Westen der Stadt. Verschiedene Naturschutzgebiete, der Stadtwald im Norden, die Elbtalaue, der Vierwald in Richtung Lauenburg und diverse andere Naturgebiete in der Umgebung bieten die Möglichkeit zu ausgedehnten Rad- und Wandertouren.

Vom Marktplatz verlassen wir den Ort auf der Hauptstraße in Richtung Lauenburg, vorbei am Anleger der Fähre nach Brackede. Nach einem Anstieg kommen wir an dem Aussichtspunkt „Zwölf Apostel", dem Denkmal einer ehemaligen KZ-Baracke und einer ehemaligen Grenzkontrollstelle vorbei. Kurz bevor die Straße auf die B 5 führt, halten wir uns geradeaus Richtung Vier und gelangen so auf den Radweg, der parallel zur B 5 nach Lauenburg führt. Gelegentliche Abstecher an die Elbe, die hier als ehemaliger Grenzfluß auf der Seite der früheren DDR recht unberührte Uferabschnitte aufweist, bieten sich an.
In Lauenburg kommen wir an der Palmschleuse vorbei, die nach dem früheren Schleusenmeister Palm benannt ist. Diese

älteste erhaltene Kammerschleuse Europas wurde ursprünglich 1393 in Holz erbaut, 1724 in Stein erneuert, 1962 gründlich renoviert und stellt heute ein interessantes Technikdenkmal dar. Die Schleuse war Teil des von 1391 bis 1398 erbauten Stecknitzkanals, der den Salztransport von Lüneburg nach Lübeck auf dem Wasserwege ermöglichte.
Bei der Palmschleuse überqueren wir den Elbe-Lübeck-Kanal, den Nachfolgebau des Stecknitzkanals, und fahren auf dem Radweg nach links wieder zur Elbe und zur dortigen Elbbrücke zurück.

■ Fährverbindungen

19275 Neuhaus/Elbe
Elbtal-Schiffahrt Manfred Petersen
An der Krainke 13
☎ 03 88 47/4 98 16; an Bord: 01 71/4 82 31 52

21354 Bleckede
Fähre Bleckede/Neu Bleckede
Autofähre „Amt Neuhaus“
☎ 0 58 52/22 55

■ Hotels

21354 Bleckede
Zum Löwen
Lauenburger Str. 1
☎ 0 58 52/94 00
Auch für Gesellschaften und Konferenzen geeignet.

Landhaus an der Elbe
Elbstraße 5
☎ 0 58 52/12 30
Im Winter Freitag Ruhetag. Modern eingerichtete Gästezimmer, mit Terrasse direkt am Hafen; Spezialitäten: Aal in Gelee, Königsberger Fleck und andere ostpreußische Gerichte (auf Anfrage).

■ Restaurants und Cafés

21354 Bleckede
Fährhaus
Elbstraße 13
☎ 0 58 52/31 68
Fisch- und Fleischgerichte, direkt an der Fähre.

Weißes Roß
Breite Straße 16
☎ 0 58 52/26 29
Mittwoch Ruhetag.
Fischgerichte, regionale und österreichische Küche.

Am Schloßpark
Bleckeder Haus
Schützenweg
☎ 0 58 52/5 00
Montag Ruhetag.
Fischspezialitäten, im Herbst/Winter auch Wild, Sonnenterrasse.

Anno 1686
Friedrich-Kücken-Straße 11 a
☎ 0 58 52/14 95
Gutbürgerliche Küche, saisonale Gerichte im alten Haus von 1686.

19273 Vorderhagen
Zum Laternchen
Boizenburger Straße 52
☎03 88 44/2 14 36
Mittwoch u. Donnerstag Ruhetag.

19258 Boizenburg/Elbe
Feuerstein
Kirchplatz 10
☎ 03 88 47/5 50 55
Pizza und anderes aus dem Buchenholzofen.

Stadt Boizenburg
Vor den Mühlen 14
☎ 03 88 47/5 23 02
Mit großer Terrasse, direkt am Fähranleger nach Brackede in Niedersachsen.

Checkpoint Harry
An der B 5 am alten Wachturm
☎ 03 88 47/5 20 77
Montag Ruhetag.
Hausmannskost, am ehemaligen Kontrollpunkt der Transitstrecke nach Westberlin.

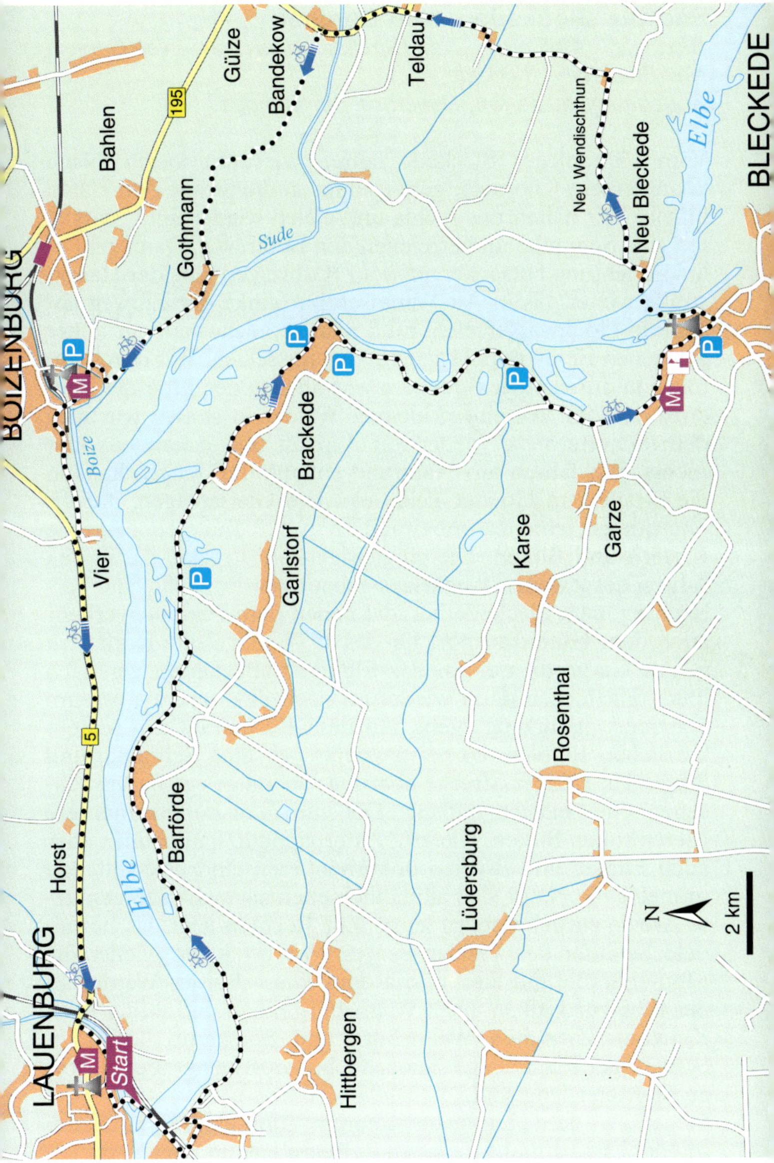
LAUENBURG
Start
M
Horst
5
Elbe
Barförde
Hittbergen
Lüdersburg
Vier
Boize
BOIZENBURG
M
P
Garlstorf
P
Brackede
P
P
Rosenthal
Karse
Garze
P
M
P
BLECKEDE
Elbe
Neu Bleckede
Neu Wendischthun
Teldau
Bandekow
Gülze
195
Bahlen
Gothmann
Sude
N
2 km

Radtour Bleckede – Neu Darchau

Bleckede – Alt Garge – Neu Darchau – Darchau – Neu Garge – Neu Bleckede – Bleckede
Entfernung: ca. 35 km; Dauer: ca. 3,5 Stunden

Vom Fähranleger Bleckede fahren wir zum Deich. Nach knapp einem Kilometer geht es links in die Straße Am Hafen hinein. Wir halten uns rechts und gleich wieder links, passieren eine Schranke und erreichen den Deichweg. Dann geht es links Richtung Hitzacker auf dem Radweg entlang der Hauptstraße weiter, bis in Alt Wendischthun links der Elbweg abgeht. In Hochwasserzeiten muß man geradeaus auf der höher gelegenen Elbuferstraße seinen Weg fortsetzen. Wir durchfahren nun auf ruhiger Strecke etwas abseits der Elbe die Bauernseewiesen. An einem kleinen Wäldchen stoßen wir nach dem Schotterbelag wieder auf Asphalt und halten uns hier rechts. Wir fahren am Waldrand entlang und biegen links in die Straße Am Horster Felde ein. Die Gleisanlagen, die wir überqueren, sind baumbewachsen mit Pioniergehölzen wie Kiefern und Birken. Die eingleisige Bahnstrecke, die in den Jahren des Zweiten Weltkriegs gebaut wurde, stellte eine Verbindung nach Bleckede her, die neben dem Personenverkehr auch dem Gütertransport für das 1974 stillgelegte Kraftwerk in Alt Garge diente. An der Elbuferstraße fahren wir nach links und biegen dann wiederum nach links ab, wo es zum Gasthaus „Fährkrug" geht. An dem Restaurant mit seinem herrlichen Elbblick vorbei passieren wir eine Schranke und fahren auf ruhiger Strecke abermals an stillgelegten, bewachsenen Gleisanlagen entlang. Die zum Teil bereits mehrere Meter hohen Birken, Kiefern, Zitterpappeln, Faulbäume, aber auch Eichen und Buchen dokumentieren eindrucksvoll, wie mühelos die Natur sich allmählich ehemals technisch genutzte Areale zurückerobern kann. Zur Rechten liegt das bewaldete Steilufer des Viehler Berges. Wir erreichen wieder die Elbuferstraße und fahren, mit dem Walmsburger Werder an der Elbe zur Linken, nach Walmsburg hinab und weiter nach Katemin. Zwischen Walmsburg und Barskamp liegen im Schieringer Forst einige steinzeitliche Großsteingräber, die bis zu 60 Meter lang sind.

Gegenüber dem „Landhaus Katemin" führt ein Weg zur Kateminer Wassermühle, die noch in Betrieb ist und nach Anmel-

dung besichtigt werden kann. Im 14. Jahrhundert als Ölmühle des Zisterzienserklosters Scharnebeck entstanden, ging sie 1766 in landesherrschaftlichen Besitz über. Die ältesten vorhandenen Bauteile stammen aus dem Jahre 1790. Ein Wasserrad ist nicht mehr vorhanden, aber eine durch Wasserkraft angetriebene Turbine liefert Energie für den Mahlvorgang.
Wir überqueren den Mühlenbach und erreichen in Neu Darchau kurz nach der Abzweigung der Elbuferstraße in Richtung Hitzacker den Fähranleger nach Darchau.
Vom Haus „Café zur Elbe" können wir direkt auf dem mit Betonplatten versehenen Deich nach links bis Neu Bleckede zurückradeln. Wem dies zu holperig ist, der kann über weite Strecken auch Straßen und Wege wählen, die parallel zum Deich verlaufen. Hierzu überqueren wir den Deich und biegen links nach Popelau ab. Vorbei an einer kleinen Kirche erreichen wir Konau, wo wir an der Dorflinde links auf den Deich fahren und nun auch ein Stück auf diesem weiterradeln. In Viehle können wir den Deich wieder verlassen und biegen dann links nach Neu Garge ab, wo es auch ein kleines Restaurant gibt. Ein Blick auf die Elbe lohnt sich. Das Elbedeichvorland war jahrzehntelang als früheres Grenzgebiet der DDR vom Menschen weitgehend unbeeinflußt. Die Bewohner der elbnahen Dörfer standen unter ständiger Kontrolle. Um der Flucht über die Elbe in den Westen vorzubeugen, waren Besuche in diesen Dörfern nur engen Angehörigen und dann auch nur auf Beantragung hin gestattet. Ausweise und Passierscheine wurden von den Grenzsoldaten ständig kontrolliert. Durch hohe Zäune war den Bewohnern der Blick auf die Elbe verwehrt. Ein Tor im Zaun diente lediglich dazu, das Weidevieh unter strenger Kontrolle der Grenzbeamten ins Vorland zu lassen.
In Neu Garge biegen wir in die zweite Straße nach rechts ab. Auf der Landstraße geht es nach links weiter; bei Stiepelsee kommen wir wieder näher an die Elbe. Wir bleiben auf der Straße und gelangen über Neu Wendischthun mit einigen hübschen reetgedeckten Höfen und alten Eichen nach Neu Bleckede, wo wir mit der Fähre nach Bleckede übersetzen.

■ Fährverbindungen

21354 Bleckede
Fähre Bleckede/Neu Bleckede
Autofähre „Amt Neuhaus“
☎ 0 58 52/22 55

29490 Neu Darchau
Fähre Neu Darchau/Darchau
☎ 0 58 53/13 22 oder
Gemeinde Neu Darchau
0 58 53/13 56

■ Mühle

29490 Neu Darchau/Katemin
Wassermühle Engel
Mühlenweg 5
☎ 0 58 53/2 39
Besichtigung ist nach Anmeldung möglich.

■ Hotel

21354 Bleckede
Landhaus an der Elbe
Elbstraße 5
☎ 0 58 52/12 30
Im Winter Freitag Ruhetag. Modern eingerichtete Gästezimmer, mit Terrasse direkt am Hafen; Spezialitäten: Aal in Gelee, Königsberger Fleck und andere ostpreußische Gerichte (auf Anfrage).

■ Restaurants und Cafés

21354 Bleckede
Fährhaus
Elbstraße 13
☎ 0 58 52/31 68
Fisch- und Fleischgerichte, Eis, Kaffee und Kuchen; direkt an der Fähre.

Gasthaus Fährkrug
Hauptstraße 39
☎ 0 58 54/10 00
Montag Ruhetag.
In Alt Garge mit Terrasse und Blick auf die Elbe, Gerichte nach der Saison, z. B. Spargel, Matjes, Scholle.

21354 Walmsburg
Café Michelshof
Wiesenweg 4
☎ 0 58 53/2 92
Montag bis Donnerstag nur für größere Gruppen nach Absprache geöffnet.
Selbstgemachter Kuchen.

29490 Katemin
Landhaus Katemin
Hauptstraße 102
☎ 0 58 53/3 00
Donnerstag Ruhetag.
Hausmannskost, mit großem Kaffeegarten.

19273 Darchau
Café zur Elbe
Hauptstraße 9
☎ 03 88 41/2 07 81
Montag Ruhetag.
Selbstgebackener Kuchen; mit Terrasse, an der Fähre gelegen.

Gülze
Haar
Darchau
Neu Darchau
Popelau
Konau
Gülstorf
Walmsburg
Sumte
Krusendorf
Neu Garge
Viehle
Barskamp
Harmstorf
Neu Wendischthun
Neu Bleckede
Elbe
Alt Wendischthun
Alt Garge
Göddingen
Breetze
Start
BLECKEDE
N
2 km

Radtour Neu Darchau – Hitzacker

Neu Darchau – Tießau – Hitzacker – Bitter – Darchau
Entfernung: ca. 37 km; Dauer: ca. 4 Stunden
Alternativroute über Bahrendorf
Entfernung: ca. 41 km; Dauer: ca. 4 Stunden

Für Radfahrer gibt es auf dieser Tour einiges zu tun: Die Steigungen betragen streckenweise bis zu 14 Prozent. Dafür verantwortlich ist die Klötzie, ein eiszeitlicher Endmoränenzug, der zum Teil direkt an die Elbe heranreicht und herrliche Aussichten über die Flußlandschaft ermöglicht. Entlang der kurvenreichen und unübersichtlichen Elbuferstraße gibt es nur auf kleineren Abschnitten Radwege, weshalb das Radeln an verkehrsreichen Tagen nicht angenehm ist. Wer nicht unbedingt an der Elbe bleiben möchte und eine ruhige Strecke vorzieht, kann die Alternativroute von Neu Darchau über Bahrendorf nach Hitzacker wählen. Es ist zu beachten, daß die Fähre Hitzacker/Bitter nicht ständig verkehrt. Wer in Hitzacker über die Elbe setzen möchte, sollte die Abfahrtzeiten vorher erfragen.
Die Route von Neu Darchau entlang der Elbuferstraße nach Hitzacker ist für den Autoverkehr ausgeschildert und leicht zu finden. An der Strecke liegen verschiedene Einkehrmöglichkeiten, z. B. in Drethem und Tießau. In Drethem steht eine einladende kleine Fachwerkkirche aus dem 18. Jahrhundert mit kupfernem Zwiebelturm und barocken Holzarbeiten im Innern. Eine hier gelegene Kapelle wurde bereits 1534 erwähnt. Ein Schalenstein am südlichen Ortseingang weist darauf hin, daß dieses Gebiet bereits in weit früheren Zeiten besiedelt war. Sinn und Zweck solcher aus der Jungsteinzeit bis Eisenzeit stammenden Schalensteine sind noch nicht ganz geklärt, aber vermutlich dienten sie als Opfersteine und wurden mit Honig, Fett oder anderen Opfergaben gefüllt. Am Kniepenberg bei Drethem und am Ortseingang von Hitzacker stehen Aussichtstürme, die 112 und 100 Meter über NN liegen und herrliche Aussichten auf die Elbe, das gegenüberliegende Ufer und die Umgebung ermöglichen.
Wer die Alternativstrecke bevorzugt, fährt vom Anleger in Neu Darchau zunächst an der Abzweigung der Elbuferstraße nach Hitzacker vorbei und durchquert den Ort. Die Hauptstraße biegt nach rechts und überquert den Kateminer

Vom Aussichtsturm des Kniepenbergs bei Drethem hat man einen weiten Blick auf die Elbe und das gegenüberliegende, einst zum Gebiet der DDR gehörende Ufer.

Mühlenbach. Kurz darauf biegen wir links in den Quarstedter Weg ein. In Quarstedt überqueren wir abermals den Mühlenbach und biegen rechts auf die Landstraße ein, fahren einige hundert Meter und verlassen die Hauptstraße Richtung Darzauer Mühle. Der Weg ist hier auch als Radfernweg Hamburg–Schnackenburg ausgeschildert. Quarstedt und Darzau sind ebenso wie Katemin alte Mühlenstandorte. Der Mühlenteich bei der Darzauer Mühle dient heute der Forellenzucht. An der Mühle vorbei geht es in den Wald und auf zum Teil recht steilen Schotter- und Waldwegen weiter. An der Waldkreuzung halten wir uns ebenso wie an der kreuzenden Straße, die von Sammatz nach Schutschur führt, geradeaus und folgen dann nach links dem Radfernweg. Mit herrlichem, weitem Blick über Wiesen, Felder und Wälder führt der Weg bergab, bis wir an die Hauptstraße kommen. Hier halten wir uns links und biegen kurz darauf rechts ab in Richtung Bahrendorf. Kurz vor dem Ort gelangen wir an eine Kreuzung, an der wir unseren Weg geradeaus fortsetzen; der Radfernweg führt nach links zur Elbe hinunter. Nach rechts kommen wir in den Ort Bahrendorf. Ein Abstecher in den von der Kreuzung knapp zwei Kilometer entfernten Ort Wietzetze ist möglich. Neben einer kleinen Fachwerkkirche von 1734 mit einer Glocke aus der Zeit um 1300 und einem Altarraum mit Bauernschnitzerei aus der Spätgotik gibt es auch Einkehrmöglichkeiten. Ein anderer Abstecher führt durch den Ort Bahrendorf über die Landstraße hinüber auf einen Feldweg, der zu den Resten eines zehn mal 20 Meter großen Steingrabes aus der Jungsteinzeit führt.

An der Kreuzung vor Bahrendorf geht es nach diesen Abstechern geradeaus weiter und an der nächsten Abzweigung nach links. Der Weg führt durch die hügelige Landschaft an Waldstücken, Wiesen und Feldern mit Getreide und vor allem Kartoffeln entlang. Wir überqueren die Kreuzung, halten uns am Ende der Straße links und gelangen bergab an die Elbe nach Tießau. Wir biegen nach rechts auf die Elbuferstraße, der wir bis zum Ende des Radwegs folgen. Dort fahren wir rechts auf den Waldweg, auf dem wir alsbald wieder nach links zur Elbuferstraße zurückkehren. An der Jugendherberge vorbei fahren wir nun ein Stück auf der Straße bis zum Ortseingang Hitzackers. Am Wildgatter können wir entweder nach links den Schützenweg hineinfahren und über den Weinberg in die

Stadt gelangen, oder wir radeln geradeaus weiter, fahren am Ende der Straße links, biegen dann wiederum links in die Altstadt ein und gelangen über die Jeetzelbrücke und am Markt mit dem Brunnen vorbei zum Fähranleger an der Elbe. Kurz vor der Überquerung der Jeetzel liegt linker Hand die Tourist-Information, bei der man sich über die Fährzeiten informieren kann und Broschüren über Hitzacker und die Region erhält. In Hitzacker gibt es auch einen Bahnhof, so daß wir von hier auch per Bahn weitere Radtourenziele ansteuern können.

Wir setzen mit der Fähre über und haben auf dem anderen Ufer wieder die Möglichkeit, vom Holperweg des Deiches auf einen parallel verlaufenden Weg auszuweichen. Hierzu überqueren wir den Deich und halten uns dann links, vorbei am Ortsschild Bitter, auf schönen Alleen mit Apfel- und Pflaumenbäumen in Richtung Rassau. Storchennester säumen den Weg, und der Blick auf das gegenüberliegende Elbesteilufer ist grandios. An der Kreuzung können wir nach links einen Abstecher an die Elbe machen, wo sich nun das Elbdeichvorland von Prievelack bis Darchau erstreckt. Weißstörche und zahlreiche andere Vogelarten der Elbtalaue suchen hier in den ausgedehnten Feuchtgebieten zwischen den Altarmen der Elbe und einzelnen Gehölzen nach Nahrung. An der Kreuzung geht es nach rechts in den Ort Stixe; es lohnt sich ein Abstecher auf der B 195 in Richtung Zeetze zur Stixer Wanderdüne, die nach etwa 500 Metern rechts von der Straße im Kiefernwald gelegen ist. Ein markierter Wanderweg führt durch das seit 1982 bestehende Naturschutzgebiet.

Wir setzen unseren Weg auf der langen Obstbaumallee fort und kommen über Pommau nach Vockfey. Hier fahren wir entweder auf dem Deich weiter oder folgen dem Rechts- und später Linksknick nach Groß Banratz, von wo aus links ein mäßig befahrbarer Schotter- und Kopfsteinpflasterweg nach Groß Kühren abzweigt; weiter führt uns der Weg nach Darchau. An der Hauptstraße fahren wir links und erreichen am „Café zur Elbe" vorbei die Fähre, die hier seit 1990 wieder die beiden Elbufer verbindet.

■ Fährverbindungen

29490 Neu Darchau
Auto- und Personenfähre Neu Darchau/Darchau
☎ 0 58 53/13 22 oder
Gemeinde Neu Darchau
0 58 53/13 56

29453 Hitzacker
Fähre Hitzacker/Bitter
☎ 01 71/5 23 18 75
Nicht ständig verkehrende Fähre für Personen- und Fahrradtransport, Abfahrtzeiten direkt oder bei der Tourist-Information Hitzacker (☎ 0 58 62/9 69 70) erfragen!

■ Hotel

29456 Hitzacker
Waldfrieden
Weinbergsweg 25/26
☎ 0 58 62/9 67 20
Spezialitäten nach der Saison, z. B. Spargel, Matjes oder Wild; herrlicher Blick über die Elbe.

■ Restaurants und Cafés

19273 Darchau
Café zur Elbe
Hauptstraße 9
☎ 03 88 41/2 07 81
Montag Ruhetag.
Selbstgebackener Kuchen; mit Terrasse, an der Fähre gelegen.

29490 Neu Darchau
Steak-Haus
Elbuferstraße 144
☎ 0 58 53/5 10
Montag Ruhetag.
Steak-Gerichte; im Ortsteil Klein Kühren.

29490 Drethem
Gasthaus Stadt Hamburg
An der Elbe 2
Montag Ruhetag.
Fleischgerichte aus der Region, zum Teil aus eigener Hausschlachtung im seit über 100 Jahren bestehenden Gasthaus.

29456 Hitzacker
Pferdeschulze
Landesstraße 8
☎ 0 58 58/7 86
Dienstag Ruhetag.
Landhotel mit saisonalen Spezialitäten, zweimal jährlich ungarische Spezialitäten-Wochen; im Ortsteil Wietzetze.

Drawehnertor-Schenke
Drawehnertorstraße 7
☎ 0 58 62/3 27 u. 74 30,
Fax 0 58 62/3 03
Im Winter Montag Ruhetag.
Rustikales Restaurant im historischen Haus, ältester Gasthof des Ortes, Fisch- und Wildspezialitäten.

Bürgerstube
Marschtorstraße 5
☎ 0 58 62/64 39
Im Winter Mittwoch Ruhetag.
Gutbürgerliche Küche mit Wild- und Fischspezialitäten, auch Gasthaus.

Laave
Kaarßen
Bitter
Stixe
Rassau
Privelack
Gutitz
Zeetze
Pommau
Vockfey
Groß Kühren
Darchau
Walmsburg
Start
Neu Darchau
Elbe
Glienitz
Drethem
K36
Bahrendorf
Tießau
Gut Meudelfitz
HITZACKER
L231
Sammatz
Darzau
Wietzetze
Fahrtstrecke
Abkürzung
Alternativroute
N
2 km

Wanderung: Deichvorland bei Bleckede und Vitico

Entfernung: 6 km; Wanderdauer: ca. 1,5 Stunden

Wir starten die Wanderung am Bleckeder Schloß und gehen zum Deich. Linker Hand steht ein Hinweisschild auf Johann Peter Eckermann (1792–1854), der im Juni 1826 seine Studien über den Deichbau an der Elbe begann, die später im zweiten Teil von Goethes „Faust" ihren Niederschlag fanden. Ein Hinweisschild am Deich informiert über das Schutzgebiet Deichvorland bei Bleckede mit Vitico, in das wir uns nun begeben. Wir gehen auf den Deich, der rechts in Richtung Fähranleger Bleckede/Neu Bleckede führt. Radfahren ist auch möglich, wobei die Rückkehr nicht auf dem Deich, sondern auf dem Radweg hinter dem Deich erfolgt. Radfahrer überqueren den Deich geradeaus ins Deichvorland, während man als Wanderer besser die Rampe nach rechts hinuntergeht und sich sofort wieder nach links auf einen niedrigen Sommerdeich begibt. Auf diesem beginnt, an einer Bank vorbei, die Wanderung durchs Deichvorland. Wir folgen zunächst einem kleinen Nebenarm der Elbe, bevor wir nach einem Bogen des Deiches direkt am Strom entlangwandern. Auf dem gegenüberliegenden Ufer sieht man einen alten Grenzturm der ehemaligen DDR-Grenzposten.

Das Gebiet ist mit seinen Altwässern der Elbe, Bracks, Feuchtgrünländern, Röhrichten, Baum- und Gebüschgruppen ein vom Menschen relativ unbeeinflußtes Naturgebiet mit großer Bedeutung für die Tier- und Pflanzenwelt der Elbtalaue. Am auffälligsten ist die reiche Vogelwelt. Neben den Weißstörchen wird man die Graureiher, die in dem Gebiet eine Brutkolonie besitzen, noch mit bloßem Auge erkennen. Ansonsten lohnt sich die Mitnahme eines Fernglases, um auch die Kleinvögel, wie Neuntöter und Blaukehlchen, den Großen Brachvogel, die Bekassine, verschiedene Greifvögel und zur Zugzeit auch verschiedene Enten-, Säger- und Schwanarten eingehend beobachten zu können. Man sollte auf den Wegen bleiben und vor allem zur Brutzeit und während der großen Vogelansammlungen zur Zugzeit besondere Rücksicht walten lassen und Störungen vermeiden.

Auf unserem Weg biegen wir etwa 200 Meter hinter der Brücke, die wir überquert haben, nach links und gelangen zum Elbdeich. Vorher sollte man aber noch einen Abstecher zur

Das Elbvorland bei Bleckede ermöglicht eindrucksvolle Wanderungen durch die vor dem Deich gelegene, dem direkten Einfluß der Elbe ausgesetzte Naturlandschaft.

Schäferei Heisterbusch machen – nicht nur wegen der Einkehrmöglichkeit, denn hier stehen nahe der Elbe herrliche alte Eichen, und auf einem freistehenden Pfahl brütet der Weißstorch.
Am Elbdeich sehen wir rechter Hand den Staatswald Vitico liegen. Nach links setzen wir unsere Wanderung auf dem Deich fort und genießen den wunderbaren Ausblick auf das Deichvorland mit den freien Wasserflächen, einzelnen Gehölzen und Feuchtflächen sowie der Feldmark hinter dem Deich. Am Bleckeder Schloß erreichen wir wieder den Ausgangspunkt unserer Wanderung.

■ Restaurants und Cafés

21354 Bleckede
Gaststätte/Restaurant
Schäferei-Café
Heisterbusch
☎ 0 58 52/24 97
Selbstgebackener Kuchen.

Restaurant am Schloßpark
Bleckeder Haus
Schützenweg
☎ 0 58 52/5 00,
Fax 0 58 52/5 85
Fischspezialitäten, im
Herbst/Winter auch Wild,
Sonnenterrasse.

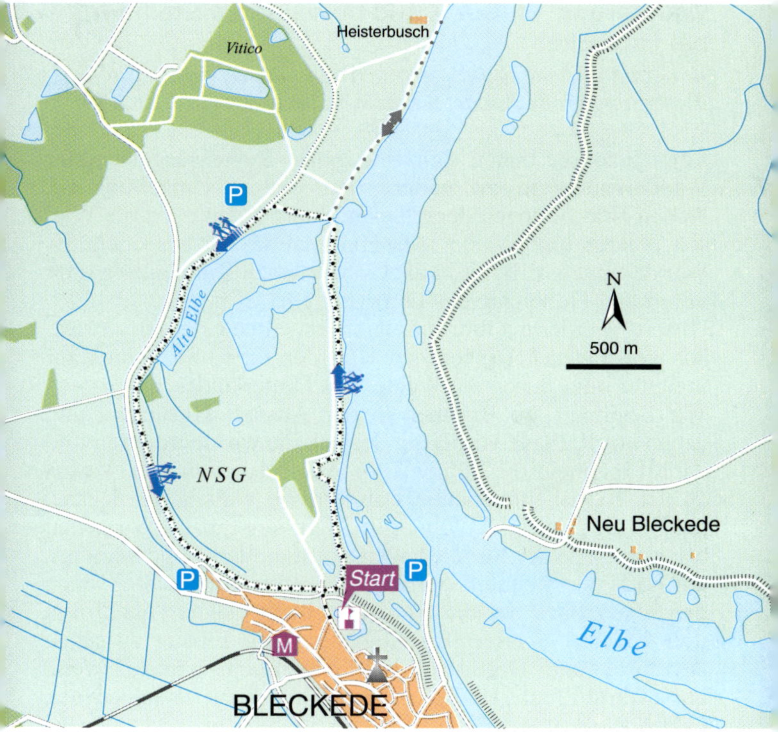
Heisterbusch
Vitico
P
Alte Elbe
N
500 m
NSG
Neu Bleckede
P
Start
P
Elbe
M
BLECKEDE

Wanderung: Flußufer und bewaldetes Steilufer bei Hitzacker

Entfernung kleine Runde: 6 km; Wanderdauer: ca. 1,5 Stunden
Entfernung große Runde: 9 km; Wanderdauer: gut 2 Stunden

Von Hitzacker bieten sich eine ganze Reihe ausgewiesener Wanderrouten in die nähere und weitere Umgebung an. Neben Erkundungen der Elbelandschaft laden auch die Wiesen, Felder und Wälder des Hinterlandes zu ausgedehnten Wanderungen, z. B. bis in die Göhrde, nach Dannenberg oder durch den Höhenzug des Drawehn, ein.
Unsere Wanderung führt uns zunächst entlang dem nordwestlich von Hitzacker gelegenen Ufer der Elbe und zurück am Steilufer oder durch die Wälder des Hinterlandes.
Wir beginnen am Brunnen in der Altstadt Hitzackers und gehen am Rathaus vorbei zur Jeetzel, die wir überqueren und darauf rechts in die Straße Zum Weinberg einbiegen. Vorbei an der Tourist-Information wandern wir entlang der Jeetzel, die Treppe zur Linken führt zum Weinberg hinauf. Wir gehen bis zum Ende der Straße, halten uns dann links und wandern am Fuße des Steilufers entlang, wobei wir zur Rechten einen herrlichen Blick auf die Alte Jeetzel mit Gelben Teichrosen und anderen Wasserpflanzen haben. Die Elbaue zwischen Hitzacker und Drethem bietet eine noch vergleichsweise unberührte Elbuferlandschaft, die sich hier mit verschiedenen Lebensräumen zwischen Elbe und Steilufer erstreckt. Vorbei an alten Pappeln und einer Schutzhütte kommen wir zum Klärwerk.
Von hier aus bieten sich zwei Rückkehrmöglichkeiten. Gleich links können wir auf dem bewaldeten Steilufer mit teilweise steilen Anstiegen, aber schönen Ausblicken auf die Elbe wieder das Kurgebiet, den Weinberg und das Zentrum Hitzackers erreichen. Der etwas größere Bogen führt uns zunächst am Klärwerk vorbei zur Elbuferstraße, wo wir ein kleines Stück links gehen, die Straße am Ende der Leitplanke überqueren, auf dem Waldweg zunächst parallel zur Elbuferstraße wandern und dann dem Plattenweg in den Wald folgen. Der hier als Wanderweg genutzte Betonweg ist ein Relikt aus der Zeit des „Dritten Reichs“, als das Tarnunternehmen der Wirtschaftlichen Forschungsgesellschaft (Wifo) in Hitzacker eines von europaweit 15 Schmier- und Treibstofflagern unterhielt.

Durch die Höhenzüge bei Hitzacker und entlang dem Elbufer bieten sich zahlreiche Möglichkeiten für ausgedehnte Wanderungen.

In den umliegenden Wäldern gibt es weitere befestigte Wege, und vor allem im 460 Hektar großen Waldgelände des Forstes Junkerwerder liegen noch Reste alter Bunker, Flakstellungen, Baracken und Betonwege, die nach Sprengung und Demontage in der Nachkriegszeit inzwischen vom Wald wieder zurückerobert worden sind.
Am kreuzenden Wanderweg gehen wir links weiter und gelangen an eine Freifläche, an der wir etwas abseits im Wald entlangwandern. Kurz vor den Gebäuden des Gutes Meudelfitz biegen wir nach links bergan in den Wald. Am Betonplattenweg gehen wir zunächst rechts, dann nach 200 Metern links über eine Anhöhe hinüber und schließlich wieder nach links. Am Fichtenwaldstück halten wir uns noch geradeaus und biegen dann rechts ab. Geradeaus geht es zur Jugendherberge Hitzackers, die an der Elbuferstraße gelegen ist. Wir müssen noch eine Anhöhe überwinden, von der wir rechter Hand einen schönen Blick über die hügelige Landschaft haben. An einem Fichtenwald biegen wir links ab und erreichen die Elbuferstraße, die wir überqueren, um am Damwildgehege gleich in den Schützenweg einzubiegen. Linker Hand ist ein Abstecher zum Aussichtsturm möglich. Wir gehen auf der Straße weiter zum Weinberg und kommen an mehreren Einkehrmöglichkeiten vorbei, z. B. dem Hotel und Restaurant „Waldfrieden“ am Minigolfplatz. Wir folgen nicht dem Rechtsknick der Straße, sondern gehen geradeaus. Kurz hinter der Riesenkastanie können wir eine Treppe zur Jeetzel hinabsteigen, und nach rechts kommen wir auf bekanntem Wege an der Tourist-Information vorbei wieder zum Marktplatz.

■ Hotel und Restaurant

29456 Hitzacker
Waldfrieden
Weinbergsweg 25/26
☎ 0 58 62/9 67 20
Spezialitäten nach der Saison,
z. B. Spargel, Matjes oder Wild;
herrlicher Blick über die Elbe.

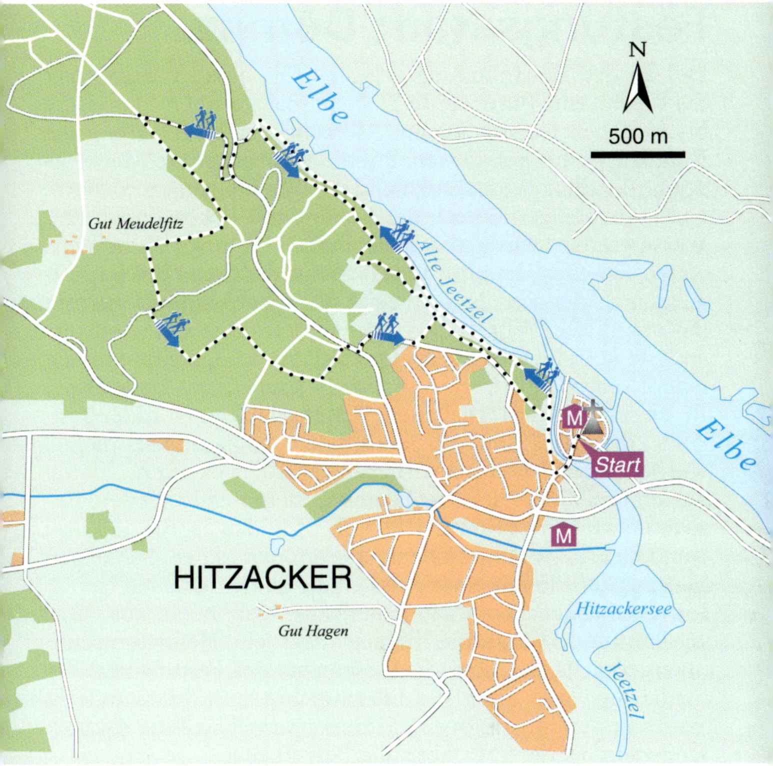
N
500 m
Elbe
Alte Jeetzel
Gut Meudelfitz
M
Start
Elbe
M
HITZACKER
Hitzackersee
Gut Hagen
Jeetzel

Festungsstadt Dömitz

Der an der Elbemündung gelegene Ort besaß bereits 1259 Stadtrecht, eine Burg wurde 1235 erstmalig erwähnt. Von 1559 bis 1565 ließ Herzog Johann Albrecht von Mecklenburg die Burg zur Festung ausbauen, um die Südwestgrenze Mecklenburgs, die Elbzolleinnahmen und den Elbübergang zu sichern. Das regelmäßige Fünfeck der Festung mit Eckbastionen und Wassergraben wurde von italienischen Festungsbaumeistern entworfen. Das Haupttor von 1565 aus Sandstein mit Baustilelementen der Renaissance zeigt das mecklenburgische und das preußische Wappen. Die später noch ausgebaute und veränderte Festung erlangte im Dreißigjährigen Krieg und in den Napoleonischen Kriegen nochmals strategische Bedeutung. In dieser größten erhaltenen Festungsanlage Norddeutschlands, die im 18. und 19. Jahrhundert als Zuchthaus diente, wurden auch politische Gefangene eingekerkert, deren bekanntester der aus Mecklenburg stammende niederdeutsche Dichter Fritz Reuter (1810–1874) in den Jahren 1839/40 war. Die Fritz-Reuter-Gedenkhalle erinnert in der ehemaligen Festungskapelle mit einer Ausstellung an den Dichter.
Im ehemaligen Kommandantenhaus, das noch aus dem 16. Jahrhundert stammt, ist seit 1953 ein Heimatmuseum untergebracht, das über die Geschichte der Festung und der Stadt, aber auch über die Elbschiffahrt und Volkskunde in Westmecklenburg informiert. Der eindrucksvollste Ausstellungsraum ist der 750 Jahre alte Pulverkeller.
Der Naturschutzbund Deutschland (NABU) unterhält auf der Festung ein Besucherzentrum und führt auch naturkundliche Führungen, z. B. in die Wanderdünen bei Klein Schmölen, durch.
Die Stadt selbst wurde im 16. Jahrhundert ebenso wie die Festung in der Form eines regelmäßigen Fünfecks neu angelegt. Verschiedene Brände, etwa im Jahr 1664, haben allerdings große Teile der Stadt im Laufe der Jahrhunderte vernichtet. Viele Fachwerkhäuser prägen heute die Altstadt von Dömitz, so z. B. das Rathaus aus dem Jahre 1820. Der Turm der 1872 errichteten Johanneskirche im Zentrum der Stadt ist von weitem sichtbar.
Wassersportler können über den Müritz-Elde-Kanal von Dömitz aus das Schweriner Seengebiet und die Mecklenbur-

1992 wurde die im Zweiten Weltkrieg zerstörte und während der deutschen Teilung als Ruine erhaltene Autobrücke bei Dömitz nach anderthalbjähriger Bauzeit wieder dem Verkehr übergeben (oben).

Die im 16. Jahrhundert erbaute Dömitzer Festung ist heute die einzige erhaltene Flachlandfestung Norddeutschlands. Der bekannteste Gefangene war der Dichter Fritz Reuter, der hier 1839/40 inhaftiert war (unten).

gische Seenplatte auf dem Wasserwege erreichen und über den Müritz-Havel-Kanal sogar weiter bis in die Berliner Gewässer gelangen.
Die 1945 zerstörten Dömitzer Elbbrücken gehören zu den bekanntesten Symbolen der deutschen Teilung. Die Autobrücke wurde neu gebaut und 1992 dem Verkehr übergeben, während die Ruine der Eisenbahnbrücke noch immer als Denkmal der neueren deutschen Geschichte in die Elbe ragt.

Radtour von Hitzacker zur Dömitzer Elbbrücke

Hitzacker – Damnatz – Dömitzer Brücke – Wehningen – Bitter – Hitzacker
Entfernung: ca. 39 km; Dauer: ca. 4 Stunden

Vom Fähranleger in Hitzacker fahren wir zunächst in die hübsche Altstadt und können uns nach einem Stadtrundgang vom Brunnen am Markt auf die Elbuferstraße Richtung Penkefitz begeben. Zur Linken liegt die bereits im 13. Jahrhundert erwähnte St. Johannis-Kirche, bevor wir die Hauptstraße überqueren und auf dem Radweg unterhalb der Elbuferstraße weiterradeln.
In Wussegel lassen sich zum Teil noch die Wurten erkennen, auf denen die Häuser früher gebaut wurden, um einigermaßen gegen Hochwasser geschützt zu sein. Das Restaurant „Elbterrassen" bietet nicht nur eine günstige Einkehrmöglichkeit, sondern auch einen wunderbaren Blick über die Elbe. Danach geht es auf dem Deich weiter. In Strachauer Rad fahren wir etwas abseits des Deiches durch den kleinen Ort und dann wieder links an den Deich heran. Bald erreichen wir Jasbeck, dessen Gut im Besitz der Familie von Bernstorff einst zum Wasserschloß Wehningen auf dem gegenüberliegenden Elbufer gehörte. Das Jasebecker Deichvorland beherbergt schöne Auwälder mit alten Eichen- und Feldahornbeständen. An einem Storchennest in Uhlenhorst finden wir ein Schild mit der Dokumentation des Brutgeschehens der letzten Jahre.
In Landsatz geht es entweder auf der Elbuferstraße weiter, oder man folgt dem Verlauf des Deiches bis nach Damnatz, wo es mit dem Hotel und Restaurant „Steinhagen" auch eine Einkehrmöglichkeit gibt. Wir passieren die idyllisch am Deich gelegene, hübsche kleine Fachwerkkirche von 1617. An derselben Stelle befand sich schon zu früherer Zeit eine Kirche, die bereits 1385 urkundlich erwähnt wurde.
Am Deich entlang geht es etwas abseits des Stroms zur 1992 nach kurzer Bauzeit neu errichteten Dömitzer Autobrücke. Die bereits 1934 an dieser Stelle errichtete Brücke wurde 1945 zerstört und konnte erst nach der Wende wieder aufgebaut werden. Wir unterqueren die Brücke und fahren auf der anderen Seite auf den Fußgänger- und Radweg, auf dem wir mit schönem Blick auf die Elbe, Dömitz und die Reste der alten Eisenbahnbrücke von 1872 das andere Ufer erreichen. An der

Vom Elbdeich bei Bohnenburg hat man einen beeindruckenden, weiten Blick über die Landschaft des Stroms (oben).

Die kleine Kirche im Marschhufendorf Damnatz wurde 1617 als Fachwerkkonstruktion errichtet. Sie ersetzte einen Vorläuferbau von 1385 (unten).

Kreuzung fahren wir nach links auf der nach Boizenburg führenden B 195 weiter, rechts geht es in die Festungsstadt Dömitz hinein. Nach links von der Bundesstraße abbiegend, können wir einen Abstecher nach Rüterberg machen, einem Dorf, in dem die Bewohner zu DDR-Zeiten wegen der Grenznähe von allen Seiten von einem hohen Zaun umgeben waren. Lediglich ein streng kontrolliertes Tor an der heutigen B 195 ermöglichte den Zugang zum Dorf.

Nach Überqueren der Löcknitz gelangen wir nach Wehningen, wo ehemals ein bereits 1285 erwähntes Wasserschloß stand, dessen letzter Bau 1979 von DDR-Grenztruppen eingeebnet wurde. Ein Bestand herrlicher alter Bäume im Schloßpark erinnert an das ehemalige Schloßgelände. Die Wehninger Kirche von 1838 besitzt einige Backsteine mit Abdrucken von Katzen- und Hundepfoten als Bannzeichen. Neben bemalten Schnitzereien ist im Innern ein Alabasterrelief aus dem 16. Jahrhundert sehenswert.

Wir durchfahren den Ort und halten uns parallel zum Deich, vor dem das Schutzgebiet Wehninger Werder liegt. Am Rechtsknick der B 195 verlassen wir diese und fahren links nach Bohnenburg. Der B 195 folgend, können wir aber vorher noch einen Abstecher nach Tripkau machen. Die Fachwerkkirche St. Mariä von 1757 mit einem Turm von 1864, außergewöhnlich hübschem Fachwerk und Backsteinornamenten wird zur Zeit umfassend restauriert. Wer sich über den Naturschutz in der Region informieren möchte, kann der Naturschutzstation Elbtalaue der Bezirksregierung Lüneburg und der kleinen Informationsausstellung über die Lebensräume der Elbtalaue einen Besuch abstatten.

Wir setzen unseren Weg über Bohnenburg durch schöne Obstbaumalleen nach Raffatz fort. Ein Abstecher nach Strachau mit hübschen Eichenauenwäldern an der Elbe ist möglich, auch eine Fortsetzung der Tour auf dem Elbdeich. Ansonsten geht es parallel zum Deich weiter nach Laake und Herrenhof, wo man links zur Elbfähre gelangt, die uns nach Hitzacker übersetzt.

Bei Hitzacker setzt eine kleine Personen- und Fahrradfähre über die Elbe. Der Anlaufpunkt am gegenüberliegenden Ufer ist das Städtchen Bitter.

■ Fährverbindung

29453 Hitzacker
Fähre Hitzacker/Bitter
☎ 01 71/5 23 18 75
Nicht ständig verkehrende Fähre für Personen- und Fahrradtransport, Abfahrtzeiten direkt oder bei der Tourist-Information Hitzacker (☎ 0 58 62/9 69 70) erfragen!

■ Restaurants

19273 Wehningen
Gasthof Holm
Hauptstraße 18
☎ 03 88 45/4 09 39
Hausmannskost, mit Terrasse unter alter Kastanie.

29472 Damnatz/Elbe
Hotel/Restaurant Steinhagen
Am Elbdeich 6
☎ 0 58 65/5 54
Im Winter Montag und Dienstag Ruhetag.
Gutbürgerliche Küche, selbstgebackener Kuchen, Kaffeegarten; auch Hotel.

29456 Wussegel
Elbterrassen
An der Elbuferstraße
☎ 0 58 61/85 74
Dienstag Ruhetag.
Spezialität: Aal; Terrasse unter Kastanienbäumen mit herrlichem Elbblick.

Heidhof
Wehningen
Rüterberg
DÖMITZ
Langendorf
Quickborn
191
Gümse
Damnatz
Elbe
Landsatz
Penkefitz
Breese
DANNENBERG
Tripkau
195
Bohnenburg
Wilkenstorf
Pinnau
Laake
Strachau
Wussegel
Grabau
Kaarßen
Bitter
Start
Hitzacker-see
Jeetzel
L231
HITZACKER
Rassau
N
2 km

Ausflüge in die Umgebung

Runde Dörfer und weite Wälder – Wendland und Göhrde

Das Wendland, die Höhenzüge des Drawehns, das Waldgebiet der Göhrde und das Elbufer im Landkreis Lüchow-Dannenberg ragten infolge der deutschen Teilung halbinselartig in das Gebiet der DDR hinein. Richtung Osten trennte eine etwa 140 Kilometer lange Grenzlinie dieses Gebiet völlig vom Hinterland ab. Durch die abgeschiedene Lage und die relativ dünne Besiedlung hat sich hier ein besonderer Naturreichtum erhalten. Die touristische Infrastruktur wurde unter Nutzung der Naturvielfalt in den vergangenen Jahrzehnten aber konsequent entwickelt, so daß wir in der gesamten Region heute ein ausgesprochen attraktives Feriengebiet vorfinden, das auch eine Fülle von kulturellen Besonderheiten zu bieten hat. Besonders für Wanderer und Radfahrer gibt es eine Vielzahl ausgewiesener Wanderrouten und ausgearbeiteter Touren, die in die hintersten Winkel des Wendlands und zu seinen Sehenswürdigkeiten führen. Ein über 500 Kilometer langes Wegenetz für Reiter ermöglicht auch die Erkundung der Landschaft auf dem Pferderücken.
Bundesweit bekannt geworden ist der abgelegene Kreis Lüchow-Dannenberg vor allem durch die Lagerung von Atommüll in den Salzstöcken bei Gorleben, die zu zahlreichen Auseinandersetzungen um die Nutzung der Atomenergie geführt hat. Die zahlreichen X-förmigen Kreuze in der Landschaft und an Gebäuden im Wendland zeugen von den Protesten der Wendländer gegen die Atommülltransporte und sind Teil des vielfältigen und dauerhaften Widerstandes gegen die Atomenergie und die Atommüllagerung.
Wichtigste Städte, nach denen auch der Landkreis benannt wurde, sind Dannenberg und Lüchow.

Fachwerkstadt Dannenberg

Dannenberg ist zusammen mit Hitzacker und Lüchow eine der nördlichsten Stationen der regionalen Fachwerkstraße, die durch Hessen und Niedersachsen von Duderstadt nach Hitzacker führt. Viele hübsche, renovierte Fachwerkhäuser, zum

Teil über 300 Jahre alt, prägen das Stadtbild in besonderer Weise. Das älteste erhaltene ist das „Gasthaus Gundelfinger“ von 1606. Auch das Rathaus von 1780 ist ein Fachwerkbau und trägt eine interessante Inschrift: „Wi Börgers hebbn de Last dorvon un mütt dat all betahlen.“ Das Ohmsche Haus von 1656, das aus Langendorf hierher versetzt wurde, ist das älteste Zweiständerhaus des Wendlandes. Das große niederdeutsche Hallenhaus, das heute für kulturelle Veranstaltungen genutzt wird, liegt unweit der Altstadt nahe dem Thielenburger See, den man in einer schönen Wanderung umrunden kann.
Das zunächst von Slawen besiedelte Gebiet wird später bis 1303 Grafensitz. Im Jahre 1157 wird Dannenberg erstmalig erwähnt, ab 1293 ist von einer Stadt die Rede. In den Jahren von 1223 bis 1225 werden der dänische König Waldemar I. und sein Sohn in der gräflichen Burg als Gefangene gehalten. Der nach dem König benannte Waldemarturm ist heute der einzige Überrest der ehemaligen Burg. Der Grafenzeit folgte die Zugehörigkeit Dannenbergs zu Braunschweig-Lüneburg. 1569 bis 1671 war Dannenberg sogar Münzort und Residenz einer Linie des Hauses Braunschweig-Lüneburg. Die Stadtbürger lebten von Handwerk, Handel und von der Schifffahrt auf Jeetzel und Elbe. Deichbrüche, Überschwemmungen, aber auch verheerende Stadtbrände haben das Stadtbild mehrmals verändert. An die Freiheitskämpfe gegen Napoleon, die auch im Umland Dannenbergs stattfanden, erinnert auf dem St. Annen-Friedhof neben dem Gedenkstein für Theodor Körner, der hier vor der Göhrde-Schlacht sein „Bundeslied“ dichtete, auch das Grab der Freiheitskämpferin Eleonore Proschaska. Sie nahm 1813 als Jäger Rentz verkleidet im Lützowschen Freikorps an der Schlacht in der Göhrde teil und erlitt schwere Verwundungen, an denen sie später in Dannenberg verstarb.
Der Anschluß an die Bahnlinie in den Jahren 1872 bis 1874 brachte der Stadt einen Aufschwung, allerdings wurde die Verbindung über die Elbe gegen Ende des Zweiten Weltkriegs zerstört, und seitdem endet die Bahnlinie in Dannenberg. Während die Straßenbrücke über die Elbe nach Dömitz 1992 neu erbaut wurde, ist die Bahnverbindung an dieser Stelle noch immer unterbrochen. Im 33 Meter hohen Waldemarturm, der um 1200 errichtet und später als Wehr-, Schloß- und Gefange-

nenturm sowie als Lagerraum genutzt wurde, befindet sich heute ein Heimatmuseum. Neben Funden zur Paläontologie und verschiedenen Epochen der Geschichte werden zahlreiche Exponate zur heimischen Tierwelt präsentiert. Interessant ist auch ein Besuch der im 13. Jahrhundert gegründeten Kirche St. Johannis, einer Hallenkirche mit Bau- und Gestaltungselementen aus Romanik, Gotik, Renaissance und Barock. Zur Ausstattung gehört unter anderem ein großer, dreiflügeliger Schnitzaltar von 1450, der 1965 neu gestaltet wurde.
Die zahlreichen Sport-, Freizeit- und Touristikeinrichtungen, das interessante Umland und die guten Einkaufsmöglichkeiten machen den Ort auch für einen längeren Aufenthalt attraktiv.

Fachwerkstadt Lüchow – Mittelpunkt des Wendlands

Die 1158 erstmals urkundlich erwähnte Stadt wurde zunächst bis 1317 von den Grafen von Lüchow regiert. Im Jahre 1320 gingen die Stadt und die Grafschaft in die Hände von Otto von Braunschweig und Lüneburg über. Die Herzogin Anna von Nassau ließ die Burg Ende des 15. Jahrhunderts zu einem Schloß umbauen. Der von 1471 bis 1473 erbaute Amtsturm ist ein Überrest des ehemaligen Schlosses.
Auch Lüchow beeindruckt durch seine schlichten Fachwerkimpressionen. Die Stadt wurde nach einem verheerenden Stadtbrand im Jahre 1811, dem etwa zwei Drittel der Häuser zum Opfer fielen, im wesentlichen neu aufgebaut. Die St. Johannis-Kirche und der Amtsturm, das heutige Wahrzeichen der Stadt, haben den Brand überstanden und gehören zu den ältesten Gebäuden.
Vom 22 Meter hohen Amtsturm, der heute als Museum genutzt wird, hat man einen herrlichen Blick auf die Stadt und ins umliegende Wendland. Das Museum, das man beim Aufgang zur Turmspitze durchwandert, informiert über die Lokalgeschichte, z. B. über die slawische Epoche und die Grafenzeit, aber auch über die Baugeschichte des Schlosses und das einstige Leben auf dem Schloß und in der Umgebung.
Die Johannes dem Täufer geweihte Kirche, die erstmals 1298 Erwähnung findet, ist ein turmloser Bau, wahrscheinlich weil

Mitten im Wendland liegt die erstmals 1158 urkundlich erwähnte Stadt Lüchow. Die zahlreichen Fachwerkhäuser, die das Stadtbild prägen, stammen überwiegend aus dem 19. Jahrhundert.

Das am Thielenburger See in Dannenberg gelegene Ohmsche Haus von 1656 ist das älteste Zweiständerhaus des Wendlands.

der feuchte Untergrund im Einzugsbereich der Jeetzel zu weich für einen schweren Turm war.
Auch Lüchow kann mit guten Einkaufsmöglichkeiten und zahlreichen Gastronomiebetrieben sowie einem vielfältigen Freizeit- und Erholungsangebot aufwarten. Die nach dem Zweiten Weltkrieg durch die Grenzziehung von Lüchow abgeschnittene alte Hansestadt Salzwedel mit ihrem historischen Stadtkern sowie die Ferienregion um den Arendsee in der Altmark können heute wieder als nahe Ausflugsziele in der Umgebung angesteuert werden. Mit Lübeln und Satemin liegen etwas westlich von Lüchow auch zwei der bekanntesten Rundlingsdörfer im Wendland, die zu den besonderen Attraktionen für Besucher gehören.

Das Wendland

Das bekannteste Rundlingsdorf im Wendland dürfte in Lübeln zu finden sein, wo den Besucher seit den siebziger Jahren ein interessantes Freilichtmuseum erwartet. Die Steilgiebelhäuser stehen rund um den Dorfplatz eng beieinander, dahinter folgen die Wirtschaftsgebäude und dann die Wiesen und Äcker. Das Museum vermittelt einen Eindruck vom Leben und Arbeiten der wendländischen Bauern im 18. und 19. Jahrhundert. Im Zentrum des Museums liegt das Heimathaus von 1733, um das sich das Gemeinschaftshaus von 1823, das Handwerkerhaus, der Bauerngarten, das Backhaus, die Speichergebäude, die Durchfahrtsscheune, das Haus „Parum Schulze“ von 1710 und andere bäuerliche Gebäude gruppieren. Verschiedene Ausstellungen informieren beispielsweise über das bäuerliche Leben, wendländische Volkstrachten oder den Flachsanbau und die Leineweberei, denen im 18. und 19. Jahrhundert im Wendland große Bedeutung zukam. Viele der reich ausgestatteten Fachwerkbauten stammen aus dieser Zeit relativen Wohlstands.
In Satemin finden wir ebenfalls einen besonders schönen Rundling, der mit 25 Bauernstellen auch der größte des Wendlands ist. Eine idyllische Dorfszenerie, hübsche Fachwerkbauten mit farbigen Verzierungen und ein weiter, baumbestandener Dorfplatz vermögen den Besucher zu begeistern. Einen Besuch der aus dem 13. Jahrhundert stammenden Kirche sollte man sich ebensowenig entgehen lassen wie einen Blick in

Satemin ist mit etwa 25 Bauernstellen das größte Rundlingsdorf des Wendlands (oben).

In dem sogenannten Celler Stall, 1672 als Nebengebäude des Jagdschlosses Göhrde erbaut, befindet sich heute das Waldmuseum Göhrde (unten).

die Töpferei des Dorfes, in der man beispielsweise die Wendländische Schale in drei verschiedenen Größen erwerben kann. Bei der nach einem Originalstück aus dem Lüchower Amtsturm-Museum reproduzierten Schale ist als Besonderheit der Ösenhenkel waagerecht angesetzt.
Verschiedene alte Kapellen und Kirchen säumen die Touren durchs Wendland, so z. B. die sehenswerte Gutskapelle in dem zwischen Lüchow und Dannenberg gelegenen Rundlingsdorf Breese im Bruche. Die ab 1592 erbaute Kapelle ist beinahe ein ländliches Abbild der Celler Schloßkapelle, die unmittelbar vorher ihre Renaissance-Umgestaltung erfahren hat. Im Innern ist vor allem das vollständig mit Szenen aus dem Alten Testament ausgemalte hölzerne Tonnengewölbe beeindruckend.
Neben den bereits erwähnten an der Elbe gelegenen Museen gibt es in Wustrow ein Heimatmuseum mit Ausstellungen zur Sozial-, Wirtschafts- und Technikgeschichte der Region im 19. und 20. Jahrhundert. Ein ebenso interessanter Abstecher führt in das Historische Feuerwehrmuseum in Neu-Tramm bei Dannenberg. In Göhrde finden wir das Waldmuseum in einem 1672 erbauten Nebengebäude des ehemaligen Jagdschlosses Göhrde. Neben der Waldgeschichte und den typischen Tieren und Pflanzen des Waldes werden auch die forstliche Nutzung und die Jagd ausführlich dargestellt. Die Göhrde ist das größte geschlossene Mischwaldareal in Norddeutschland (6500 Hektar) und vor allem für Wanderer und Reiter ein ideales Gebiet. Am 16. September 1813 fand in der Göhrde eine Schlacht zwischen französischen und den gegen Napoleon verbündeten Truppen der Preußen, Schweden, Engländer, Russen und Hannoveraner statt. Die Franzosen unterlagen und mußten die Elblinie aufgeben. Heute erinnert im Wald ein Denkmal an diese Schlacht. Im Heimatmuseum Dahlenburg ist als besondere Attraktion ein Zinnsoldaten-Diorama der Schlacht aufgebaut.
Östlich von Lüchow liegt die 400 Hektar große Nemitzer Heide, die Mitte der siebziger Jahre nach einem großen Waldbrand entstanden ist. Sie bietet ein Erholungsgebiet für ausgedehnte Wanderungen oder Kutschfahrten. Ein Heideblütenfest findet jeweils am letzten Wochenende im August statt.

■ Hotels

29451 Dannenberg
Dannenberger Ratskeller
Am Markt 1
☎ 0 58 61/3 45 u. 3 46
Gemütliches Jugendstilhotel (garni), Mobiliar zum Teil aus dem Schloß Ludwigslust.

Alter Markt im Gasthaus Gundelfinger
Am Markt 9
☎ 0 58 61/78 80 u. 84 70
Stilvoll und modern eingerichtete Zimmer, Fischgerichte, Steaks von argentinischen Rindern.

29439 Lüchow
Marktkeller
Lange Straße 56
☎ 0 58 41/55 18
Restaurant mit saisonalen Spezialitäten in rustikalem Gewölbekeller.

Hotel Alte Post
Kirchstraße 15
☎ 0 58 41/20 86 u. 50 47
Dienstag Ruhetag.
Französische und deutsche Küche; spezielles Weinangebot.

29482 Küsten
1. Deutsches Kartoffel-Hotel
Lübelner Marktscheune
☎ 0 58 41/13 60
Umfangreiches kulinarisches Programm rund um die Kartoffel, am Freilichtmuseum des Wendländischen Rundlingsdorfes Lübeln.

■ Restaurants und Cafés

29451 Dannenberg
Le Bistro
Mühlentor 10
☎ 0 58 61/12 90
Kleinere Gerichte, Suppen, Salate.

29439 Lüchow
Rats-Schänke
Lange Straße 55
☎ 0 58 41/20 39
Wendländische Spezialitäten, Tagesgerichte.

Nico's Bistro
Lange Straße 64
☎ 0 58 41/33 70
Sonntag Ruhetag.
Kleinere Gerichte, reiches Angebot verschiedener Biersorten.

■ Gutskapelle Breese im Bruche

Kapellenschlüssel ist im Pfarramt in Breselenz (☎ 0 58 64/2 76) oder bei Frau J. Hinkelmann (Breese i. Br. Nr. 26) erhältlich.

■ Töpferei

29439 Lüchow
Die Töpferei im Rundlingsdorf
Satemin Nr. 1
☎ 0 58 41/61 18

Elbaufwärts über Lenzen und Schnackenburg nach Wittenberge

Der Wechsel von Höhenzügen und weiten Niederungen setzt sich auf dem Streckenabschnitt zwischen den Elbbrücken bei Dömitz und Wittenberge auf niedersächsischer Seite fort. Bei Lenzen/Pevestorf und Schnackenburg/Lütkenwisch sind nach der Wende wieder Fährlinien eingerichtet worden.
Die Langendorfer und vor allem die Höhbecker Geestinseln stoßen direkt an die Elbe. Aussichtstürme ermöglichen einen weiten Blick über den Fluß und in die flache Marschlandschaft der gegenüberliegenden mecklenburgischen und brandenburgischen Elbufer. Bis Schnackenburg setzt sich hier der Naturpark Elbufer-Drawehn fort, während rechtselbisch der Naturpark Mecklenburgische Elbtalaue liegt. Weiter elbaufwärts erstreckt sich bis zur Havelmündung der Naturpark Brandenburgische Elbtalaue.
Im ehemaligen Grenzgebiet, insbesondere auf der Elbseite der ehemaligen DDR, wird erst allmählich eine touristische Infrastruktur aufgebaut. Auf weiten Strecken findet man keine Restaurants, die Museen und andere Sehenswürdigkeiten werden oft gerade renoviert oder erst aufgebaut. Dafür gibt es hier reichlich Natur und beschauliche Ruhe und Einsamkeit auf Rad- und Wandertouren an prächtigen Alleen und gewundenen Deichstrecken. Um Dömitz und Wittenberge herum und durch die Lenzener Wische gibt es auch bereits eine ganze Reihe ausgearbeiteter und markierter Wander- und Fahrradrouten, bis Schnackenburg ist der Elbfernradwanderweg gut ausgeschildert. An der Elbe sind die Städte Lenzen, Schnackenburg und Wittenberge wichtige Stationen, die auch eine Reihe von Sehenswürdigkeiten bieten.

Lenzen – über 1000 Jahre alte Stadt zwischen Löcknitz und Rudower See

Im Jahre 1929 feierten die Bürger Lenzens das tausendjährige Bestehen ihrer Stadt, die damit eine der ältesten Städte der Mark Brandenburg ist. Ein *Luncini* genannter Burgwall slawischer Obotriten hat dem Ort seinen Namen gegeben. Bei einer Entscheidungsschlacht im Jahre 929, als Lenzen erstmals schriftliche Erwähnung fand, wurden die Slawen durch die

Sachsen unter König Heinrich I. geschlagen, und die Festung wurde erobert. Anstelle der slawischen Wehranlage ließ Markgraf Albrecht im 12. Jahrhundert eine neue Burg errichten. Der aus jener Zeit stammende 24 Meter hohe Bergfried, der heute das Wahrzeichen der Stadt ist, stellt den letzten Rest der Burganlage dar. Sein heutiges Kupferdach erhielt er 1976. An schönen Tagen lohnt der weite Blick vom Turm über die Stadt und die Umgebung. Im Hauptgebäude, dem ehemaligen Amtshaus, das in den Jahren 1725 bis 1727 aus abgetragenen Steinen der ehemaligen Burganlage errichtet wurde, im Wirtschaftsgebäude von 1680 und im Turm befindet sich heute das Burgmuseum. Neben Ausstellungen zur Vor- und Frühgeschichte, Volkskunde, Stadtgeschichte und Naturkunde gilt ein 22 Quadratmeter großes Diorama, in dem mit 8500 bemalten Zinnfiguren die Schlacht aus dem Jahre 929 nachgestellt worden ist, als Hauptattraktion.
Im Zentrum der Stadt liegt die St. Katharinen-Kirche, eine dreischiffige Hallenkirche mit Querschiff, deren älteste Teile wohl auf die Zeit um 1300 zurückgehen. Der Westturm stammt aus dem Jahre 1760. Im Innern gibt es neben Resten spätgotischer Malereien ein wertvolles, zum Teil vergoldetes bronzenes Taufbecken von 1486, einen barocken Altar von 1652, einen dreißigarmigen Kronleuchter aus dem Jahre 1656 und eine Kanzel aus der Zeit des Rokoko von 1759. Die barocke Arp-Schnitger-Orgel von 1708 wurde im Jahre 1747 in Hamburg erworben.
Das 1713 erbaute Rathaus mit Sonnenuhr und Dachreiter ist ein Nachfolgebau der bei verschiedenen Stadtbränden, z. B. 1652 und 1703, zerstörten Vorgänger. Der Stumpfe Turm unweit der Kirche, ein Rundturm auf achteckigem Unterbau aus dem 14. Jahrhundert, stellt einen letzten Rest der ehemaligen Stadtbefestigung dar. An sonnigen Tagen empfiehlt sich nach einer Stadtbesichtigung ein Abstecher an den im Norden gelegenen Rudower See, ein Erholungsgewässer mit guten Bade- und Angelmöglichkeiten.
Über die Seetorstraße, wo in der Nr. 14 das älteste Haus der Stadt liegt, das den verheerenden Stadtbrand von 1703 überstanden hat, erreicht man die Seetorbrücke und verläßt die Stadt über die Löcknitz. Vorbei an dem Färbergarten, in dem über 400 verschiedene Pflanzenarten, besonders Heil- und Färberpflanzen, angebaut werden, und dem gegenüberliegen-

den Schaugehege mit ausgefallenen Schaf- und Ziegenrassen gelangen wir Richtung Elbe. Nach der Wende wurde eine Fährverbindung nach Pevestorf am niedersächsischen Ufer der Elbe eingerichtet.

Schnackenburg – kleinste Stadt Niedersachsens

An der Mündung des Aland in die Elbe liegt Schnackenburg, die kleinste Stadt Niedersachsens und die kleinste Hafenstadt Deutschlands. Von dem hölzernen Aussichtsturm am Hafen hat man nicht nur einen schönen Blick auf die Stadt, sondern kann auch weit über die Elbe und in die Prignitz hinein blicken.

Die im Schutz einer slawischen Burg entstandene Stadt wurde schon 1373 erwähnt. Schnackenburg lebte nicht allein von der Schiffahrt, sondern vor allem vom Zoll, der auf Elbe und Aland, aber auch auf dem Land erhoben wurde. Mit der Aufhebung der Zölle 1864 verlor die Stadt an Bedeutung, und durch die Grenzziehung nach dem Zweiten Weltkrieg lag sie im hintersten Winkel der Republik. Allerdings lebte während der deutschen Teilung die Zollfunktion Schnackenburgs nochmals auf, da hier der Flußverkehr zwischen Bundesrepublik und DDR kontrolliert wurde. Obwohl inzwischen wieder eine Fährlinie ins Brandenburgische hinüber eingerichtet wurde, erfreut sich Schnackenburg auch heute noch einer ruhigen Lage und macht einen beschaulichen und verträumten Eindruck, geeignet als Ausgangsstation für Wanderungen z. B. ins elbabwärts gelegene Elbholz.

Die Stadt besitzt im Zentrum eine ganze Reihe hübscher Fachwerkbauten, zu denen neben dem 1728 nach einem großen Stadtbrand errichteten Amtshaus am Markt auch das Fischerhaus gehört, in dem heute das Grenzlandmuseum untergebracht ist. Das Museum informiert anschaulich über die deutsche Teilung: Uniformen, Waffen, Dokumente und Modelle der Grenzanlagen erinnern an ein düsteres Kapitel der jüngeren deutschen Geschichte.

Die St. Nicolai-Kirche, die mit ihrem ursprünglich als Wehrturm genutzten Westturm den Ort weit überragt, ist eine um 1200 erbaute romanische Backsteinkirche. 1284 wird sie erstmalig urkundlich erwähnt. Altar und Kanzel stammen aus dem Jahre 1727, ebenso wie der schwebende Taufengel mit

Schnackenburg, dessen Kirche den Ort hoch überragt, lag zu Zeiten der deutschen Teilung im hintersten Winkel der Bundesrepublik.

Der Stumpfe Turm in Lenzen, ein Rundturm auf achteckigem Unterbau, ist ein Rest der ehemaligen Stadtbefestigung aus dem 12. Jahrhundert.

der Taufschale in Händen, der zu Taufen herabgelassen wird. Die Orgel stammt aus dem Jahre 1875. Auf Konzertveranstaltungen in der Kirche, z. B. die im Sommer stattfindenden Schubertiaden, wird im Schaukasten hingewiesen.

Wittenberge – größte Stadt der Prignitz

An der Mündung von Karthane und Stepenitz in die Elbe liegt Wittenberge, die mit etwa 27 000 Einwohnern bedeutendste Industriestadt zwischen Hamburg und Magdeburg. 1239 erstmalig erwähnt, erhielt Wittenberge im Jahre 1300 die Stadtrechte. Trotz der Lage an einem günstigen Elbübergang blieb der Ort bis ins 19. Jahrhundert ein unbedeutendes Ackerbürgerstädtchen und erhielt erst im Jahre 1809 die städtische Selbstverwaltung. Der eigentliche Aufschwung kam mit der Industrialisierung im 19. Jahrhundert. 1823 wurde die erste Fabrik, eine Ölmühle, gegründet. Mit dem Ausbau des Hafens 1832 und dem Bau der Eisenbahnbrücke 1851, die Wittenberge zu einem wichtigen Verkehrsknotenpunkt machte, wuchs die Bedeutung der Stadt. Bald siedelten sich weitere Betriebe an, so etwa das Reichsbahnausbesserungswerk, ein Zellstoff- und Zellwollwerk, ein Nähmaschinenwerk und ein Webereibetrieb. Viele dieser Arbeitsstätten, die Wittenberge zu DDR-Zeiten zu einer wichtigen Industriestadt machten, stellten nach der Wende ihren Betrieb ein.
Aus der Zeit des Aufschwungs der Stadt stammen viele auch heute noch das Stadtbild prägende Bauten wie das Rathaus (1912–14), die Stadtkirche (1870–72), die Kochschule (1834 als Schulhaus erbaut), die ehemalige Warmbadeanstalt (1902) sowie schöne Wohn- und Geschäftshäuser im Jahnschulviertel. Der 1928/29 als Wasserturm erbaute Uhrenturm auf dem Gelände der ehemaligen Nähmaschinenfabrik besitzt die größte Uhr des europäischen Festlandes. Der große Zeiger hat beispielsweise eine Länge von 3,30 Metern.
Das älteste Gebäude und zugleich Wahrzeichen der Stadt ist das Steintor aus der Mitte des 13. Jahrhunderts. Als ältestes Wohngebäude darf das als Museum genutzte Fachwerkhaus „Alte Burg“, das zur Zeit umfassend restauriert wird, gelten. Es wurde 1669 als Herrenhaus der Stadtbesitzer, der Familie Gans Edle Herren zu Putlitz, erbaut. Bis 1780 war das Gebäude Wohnsitz der Familie, wurde später von der Stadt erwor-

Das an der Einmündung von Stepnitz und Karthane an der Elbe gelegene Wittenberge, hier von der Eisenbahnbrücke aus gesehen, ist die größte Industriestadt zwischen Hamburg und Magdeburg.

Der Steintorturm vom Anfang des 14. Jahrhunderts ist das wichtigste architektonische Zeugnis der mittelalterlichen Geschichte Wittenberges.

ben und 1971 als Stadtmuseum eingerichtet. Neben Exponaten zur Heimat- und Industriegeschichte bietet das Museum vor allem eine umfangreiche Sammlung von Haushaltsnähmaschinen.

Radtour Dömitz–Wittenberge

Die Gesamtstrecke zwischen den Elbbrücken läßt sich durch die beiden Fährlinien gut in drei eigenständige Rundtouren gliedern. Die Gesamtstrecke von Dömitz entlang der Elbe nach Wittenberge und auf der anderen Elbseite wieder zurück beträgt etwa 120 Kilometer.
Von Dömitz aus fahren wir zunächst auf der Autobrücke über die Elbe und setzen unseren Weg dann auf dem niedersächsischen Radfernweg Hamburg–Schnackenburg an der Elbe fort. Die Ruine der 1872 erbauten Eisenbahnbrücke der Verbindung Hamburg–Berlin, die noch in den letzten Tagen des Zweiten Weltkriegs zerbombt wurde, ragt seither als Mahnmal in die Elbe.
Hinter Langendorf passieren wir einen der vielen hölzernen Aussichtstürme und erreichen Gorleben, einen durch die vielfältigen Proteste gegen die Atommüllendlagerung bundesweit bekannten kleinen Ort. Es lohnt sich, einen Blick auf das etwa zwei Kilometer südlich des Ortes gelegene Atommüll-Zwischenlager und das Erkundungsgelände für Endlagerungen radioaktiven Mülls zu werfen, die wie eine Festung gesichert sind. Etwas abseits der Elbe liegt an einem hübschen See der Ort Gartow, der mit seinem Renaissanceschloß, der Barockkirche St. Georg und dem Zehntspeicher, in dem Ausstellungen des Westwendischen Kunstvereins stattfinden, einen Abstecher wert ist. Naturkundlich Interessierte können sich in der Kranichstation des Naturschutzbundes Deutschland (NABU) informieren.
An der Elbe geht es über Meetschow und durch die Seege-Niederung weiter nach Vietze, wo sich am nördlichen Steilufer in der Nähe des Ortes ein Kastell befand, das von Karl dem Großen 798 zur Verteidigung gegen ostelbische slawische Stämme erbaut worden war. Die Ausmaße der einstigen Wehranlage sind noch heute in der Landschaft auszumachen. Auch die kleine Kapelle und das Heimatmuseum laden zur Besichtigung ein.

Die Funkmasten auf der höchsten Erhebung des Höhbecks (75 Meter über NN) sind mit 344 Metern das höchste technische Bauwerk Deutschlands. Ein hölzerner Aussichtsturm ermöglicht den weiten Blick über die Elblandschaft, und die Gaststätte „Schwedenschanze" lädt zu einer kleinen Rast. Etwas unterhalb liegt die Fähre, die nach Lenzen übersetzt. Wir fahren über Pevestorf und die Pevestorfer Wiesen an die Elbe. Vor dem Deich liegen entlang der Strecke wunderbare Vorlandflächen, einer malerischen Parklandschaft gleich, mit einzelnen Altwassern der Elbe, Feuchtwiesen, Gehölzgruppen und alten, knorrigen Eichen. Nicht minder interessant ist das hinter dem Deich gelegene Elbholz, ein von 1834 bis 1836 planmäßig angelegter Wald, der heute einen der letzten großflächigen, naturnahen Auwaldreste der Elbtalaue darstellt. Über 100 Vogelarten brüten im Gebiet, wie z. B. die Hohltaube, der Wespenbussard, der Rot- und Schwarzmilan, der Mittel- und Schwarzspecht, der Kranich und zahlreiche andere seltene Arten.
Bei Schnackenburg bietet sich die nächste Möglichkeit, über die Elbe zu setzen. Von Schnackenburg aus kann man entlang der Elbe oder über Gummern, Aulosen und Pollitz (Teil des Radwanderrundkurses Altmark) nach Wahrenberg gelangen. In diesem storchenreichen Dorf steht eine hübsche kleine Kirche mit einem Fachwerkturm, der in das Kirchenschiff hineingestellt wurde. Das „Café Hiller" lädt zu einer kleinen Rast ein, bevor wir nach Wittenberge weiterfahren. Die Autobrücke besitzt keinen Radweg, und es empfiehlt sich, ein Stück weiter die Eisenbahnbrücke zu nehmen. Etwa 16 Kilometer elbaufwärts lohnt sich ein Abstecher nach Rühstädt, ins storchenreichste Dorf Deutschlands inmitten der brandenburgischen Elbtalaue. In manchen Jahren brüten über 40 Storchenpaare in dem kleinen Dorf. Ausstellungen informieren ausführlich über Meister Adebar und die Bedeutung der Elbtalaue in Brandenburg für den Naturschutz.
Auf dem Elbdeich verlassen wir dann Wittenberge und erreichen durch reizvolle Elblandschaften und die Ortschaften Müggendorf und Cumlosen Lütkenwisch, wo ein Fährdienst nach Schnackenburg hinüber besteht. Von der Fährstelle aus fahren wir weiter nach Lanz, der Geburts- und Wirkungsstätte Turnvater Jahns. Die Jahn-Kastanie, eine Gedenkstätte mit kleinem Museum, ein Denkmal und das Geburtshaus erin-

Die Elbe bietet nicht nur eine beeindruckende Naturlandschaft – wie hier bei Schnackenburg –, sondern ist nach wie vor auch ein wichtiger Wasserverkehrsweg.

nern an den Politiker, Schriftsteller und Pädagogen Friedrich Ludwig Jahn (1778–1852), der vor allem als Begründer der Turnbewegung bekannt geworden ist. Vorbei an dem Ort Wustrow mit seiner Fachwerkkirche von 1786 überqueren wir die Löcknitz und erreichen Lenzen, wo wir wieder die Möglichkeit haben, ans andere Elbufer überzusetzen. Von Lenzen aus ist die Rückkehr nach Dömitz über die B 195, die keinen Radweg besitzt, ungünstig, so daß der Weg etwas abseits der Elbe über Seedorf, Breetz und Polz nach Dömitz eher zu empfehlen ist. Kurz vor Dömitz liegt das 110 Hektar große Naturschutzgebiet Elbtaldünen bei Klein Schmölen, das aus aufgewehten Sanden der letzten Eiszeit entstanden ist. Vor allem die prachtvollen Trockenrasen, aber auch die Kiefernforste beherbergen eine interessante und spezialisierte Tier- und Pflanzenwelt. Neben Frauenflachs, Heidenelke, Kantenlauch, Knorpellattich, Karthäusernelke, Strandhafer, Silbergras und verschiedenen Rentierflechtenarten kommen auch interessante Käfer, Schmetterlinge, Libellen, der Ameisenlöwe und Heuschrecken wie die Gefleckte Keulenschrecke, die Gestreifte Zartschrecke, die Ödlandschrecke und die Westliche Beißschrecke in dem Dünengebiet vor. Von den hier lebenden Vögeln sind beispielsweise die Heidelerche, das Schwarzkehlchen und der Steinschmätzer erwähnenswert.

■ Fährverbindungen

19309 Lenzen/Elbe
Fähre Pevestorf/Lenzen
Fährbetrieb E. Butchereit
Hamburger Torstraße 12a
☎ 03 87 92/76 65

29493 Schnackenburg
Fähre Schnackenburg/Lütkenwisch
Fährbetrieb Klaus Reineke
Gartenstraße 7
☎ 0 58 40/4 47

■ Kunstverein

29471 Gartow
Westwendischer Kunstverein e. V.
Gräfl. v. Bernstorffsche Verwaltung
Hauptstraße 6
☎ 0 58 46/12 69

Hotels

29475 Gorleben
Zur alten Burg
Burgstraße 4
☎ 0 58 82/97 00
Restaurant mit Spezialitäten aus dem Wendland.

19322 Wittenberge
Am Stern
Turmstraße 14
☎ 0 38 77/98 90
Zentrumsnah und dennoch ruhig gelegen, auch Zimmer mit geschäftlichen Arbeitsmöglichkeiten.

Restaurants und Cafés

29478 Höhbeck-Brünkendorf
Schwedenschanze
☎ 0 58 46/3 65
Kaffeegarten, selbstgebackener Kuchen, selbstgebackenes Brot, kleinere Gerichte, für Gruppen nach Anmeldung auch größere Gerichte.

29478 Pevestorf/Elbe
Zum Lindenkrug
Fährstraße 30
☎ 0 58 46/15 05
Gästehaus und Gasthof mit Terrasse unter alten Linden, auch vegetarische Gerichte.

29493 Schnackenburg
Hafencafé Felicitas
Alandstraße 9
☎ 0 58 40/12 59
Gutbürgerliche Küche.

39615 Wahrenberg
Café Hiller
Lindenweg 43a
☎ 0 39 39/73 59
Montag Ruhetag.
Selbstgebackener Kuchen.

19322 Wittenberge
Café und Restaurant Am Hafen
Bahnstraße 133
☎ 0 38 77/40 33 63
Mittwoch Ruhetag.
Zanderfilet, Prignitzer Spezialitäten je nach Saison.

19309 Lütkenwisch
Elbidylle Café Jaap
Elbstraße 4
☎ 03 87 80/75 93
Dienstag Ruhetag.
Hausmannskost, selbstgebackener Kuchen.

19309 Lenzen/Elbe
Stadt Hamburg
Friedrich-Ludwig-Jahn-Straße 1
☎ 03 87 92/73 71
Montag Ruhetag.
Gutbürgerliche Küche, Gesellschaftsräume, auch Imbiß und Hotel.

Burgcafé
Burgstraße 3
☎ 03 87 92/13 10
Montag Ruhetag.
Wechselnde Spezialitäten, mit schattiger Terrasse direkt auf der Burg.

Der besondere Tip

Bootstouren auf der Elbe

Zwischen Hamburg und Wittenberge gibt es eine Vielzahl von Möglichkeiten, die Elbe per Schiff zu erkunden. Die Elbe verbindet Hamburg mit der Welt – das ist bekannt –, aber es lassen sich von der Hansestadt aus auch kleinere Ausflüge die Elbe hinauf und hinunter unternehmen. Eine Hafenrundfahrt mit Abstecher in die Speicherstadt gehört zum Pflichtprogramm eines Hamburgbesuchs. Wer etwas mehr Zeit hat, kann von der Alster aus eine Vierlandefahrt nach Bergedorf machen, die über den Binnenhafen, die Dove-Elbe und durch die Wiesen und Felder der Vier- und Marschlande zum Hafen Bergedorf führt. In anderer Richtung kann man elbabwärts kleinere Fährfahrten bis Övelgönne, Blankenese und darüber hinaus machen oder mit dem neuen „Elbe-City-Jet" in kurzer Zeit mit 35 Knoten (ca. 65 km/h) von den St. Pauli-Landungsbrücken Stade und das Alte Land erreichen. Wer noch etwas weiter hinausmöchte, kann auch einen Schiffsausflug nach Helgoland, der einzigen deutschen Hochseeinsel, machen. Diese wird von Hamburg aus inzwischen auch per Schnellfähre angesteuert. Von der Hansestadt aus lassen sich über die Elbe und den Nord-Ostsee-Kanal auch Ausflüge in die Ostsee nach Kiel unternehmen.
In Lauenburg starten die komfortablen Schiffe der Weißen Flotte und bieten Drei-Länder-Touren entlang den Elbufern von Schleswig-Holstein, Niedersachsen und Mecklenburg-Vorpommern an. Ein Ausflug zum Schiffshebewerk nach Scharnebek, das man über den Elbe-Seiten-Kanal erreicht, ist ein besonderes Erlebnis. Es werden auch Touren angeboten, bei denen man eine Auf- und Abwärtspassage in dem größten Senkrechtschiffshebewerk Europas mitmachen kann. Dabei wird man mit dem Schiff 38 Meter senkrecht in die Höhe gehoben bzw. hinuntergelassen.
Auch Boizenburg ist Ausgangspunkt für Schiffstouren, so z. B. nach Scharnebek, aber auch nach Hitzacker und Dömitz, wo die Weiterfahrt auf dem beschaulichen Elde-Müritz-Kanal möglich ist, der insgesamt 180 Kilometer lang ist und die Elbe mit dem mecklenburgischen Seengebiet verbindet. Der „Bleckeder Löwe", die „Elbe-Star" und andere Schiffe, die

Mit dem fast 100 Jahre alten Raddampfer „Kaiser Wilhelm“ können Besucher der alten Schifferstadt Lauenburg nostalgische Bootstouren auf der Elbe unternehmen (oben).

Wie in vielen anderen Städten bietet sich auch in Hitzacker die Möglichkeit zu einer beschaulichen Bootsfahrt auf der Elbe (unten).

von Bleckede und Hitzacker aus starten, bieten verschiedene Touren zu festen Terminen, stehen aber auch zur Buchung von Gruppenfahrten zur Verfügung. Die reizvolle Elbuferlandschaft bei Hitzacker, wo steile Ufer direkt an die Elbe stoßen, gehört zu den landschaftlichen Höhepunkten der gesamten Region. Es ist besonders eindrucksvoll, die bewaldeten Steilufer vom Wasser aus zu betrachten.
Ein Schiffstourenerlebnis der besonderen Art bietet der für 350 Personen zugelassene Raddampfer „Kaiser Wilhelm“, der als eines der letzten kohlebefeuerten großen Binnenfahrgastschiffe Europas von Lauenburg aus an einigen Wochenenden im Jahr die Elbe befährt. Neben dem nahen Boizenburg werden auch Bleckede und Hitzacker, sowie elbeabwärts Hoopte auf den verschiedenen Fahrten angesteuert, wobei während der Passage der Lauenburger Elbbrücke Mast und Schornstein des Schiffes gelegt werden. Der Raddampfer wurde im Jahre 1900 in Dresden gebaut und versah dann 70 Jahre lang seinen Dienst bei der Oberweserdampfschiffahrt auf der Strecke Hameln–Hannoversch-Münden. 1970 war die große Ära der Raddampfer auf den deutschen Flüssen endgültig beendet, und es stellte sich die Frage, ob auch die „Kaiser Wilhelm“, wie zahlreiche Raddampfer zuvor, verschrottet werden sollte. Aber der Verein zur Förderung des Lauenburger Elbschiffahrtsmuseums wurde aktiv und erwarb das Schiff, das nach der Fahrt über den Mittellandkanal und die Elbe am 25. Oktober 1970 Lauenburg erreichte. Seitdem gehört das Schiff als besondere Attraktion zum Stadtbild, und die vielen ehrenamtlichen Fachkräfte, die das Schiff restauriert haben, halten es auch in Schuß und führen die Ausflugstouren auf der Elbe durch. Im Jahre 2000 erlebt die erste deutsche Museumsdampferlinie ihre 30. Saison, und die „Kaiser Wilhelm“ selbst wird auf eine hundertjährige Geschichte zurückblicken. Dann wird gewiß die eine oder andere Jubiläumsfahrt auf dem Plan stehen, und es bleibt zu hoffen, daß die historischen Elbfahrten auch für weitere hundert Jahre das interessante Angebot an Bootstouren auf der Elbe bereichern werden.

■ Schiffstouren

20359 Hamburg
HADAG Seetouristik und Fährdienst
St. Pauli Fischmarkt 28
sowie: Anleger bei den St. Pauli-Landungsbrücken, Brücke 4
☎ 0 40/3 11 70 70

21481 Lauenburg/Elbe
Weiße Elbflotte
Fredy Eschke
Sägemühlenweg 35
☎ 0 42 53/25 36

Raddampfer „Kaiser Wilhelm“
Information bei der Abteilung Tourismus und Kultur Lauenburg (☎ 0 41 53/59 09 80/81); Anmeldung nur für Gruppen möglich, Buchung über Dr. Ernst Schmidt (☎ 0 41 02/6 17 35)

19258 Boizenburg
Elbtal Schiffahrt
Hafenplatz 5
☎ 03 88 47/5 93 68
(auch Elde- und Elbefahrten ab Dömitz)

21352 Bleckede
„Bleckeder Löwe“
☎ 0 58 52/21 10

„MS Bleckede“
☎ 03 88 41/3 49

Fahrgastschiff „Festung Dömitz“
☎ 0 58 52/32 49

29456 Hitzacker
„MS Elbe Star“
☎ 0 58 62/77 91 oder 01 61/2 50 82 55

Fähr- und Rundfahrbetrieb Peter Schaar „Deutschland“
☎ 01 71/5 23 18 75; ehemaliges Zollboot „Hitzacker“ ☎ 0 58 61/20 91

Von Brenndolde, Bläßgans und Biber – naturkundliche Beobachtungen in der Elbtalaue

Für den naturkundlich interessierten Besucher gibt es in der Naturlandschaft der Elbe auf ausgedehnten Radtouren und Wanderungen viel zu entdecken. Neben verschiedenen amtlichen Einrichtungen sind auch zahlreiche Zentren und Informationsstellen, z. B. der Naturparks und Naturschutzverbände, vielfältig am Schutz der Elbelandschaft und an der Informationsarbeit beteiligt. Wichtige Anlaufpunkte für die naturkundlichen Informationen und den Naturschutz in der Elbelandschaft sind: das Elbtal-Haus in Bleckede, die Verwaltung des Schutzgebietes Elbtalaue in Hitzacker, die Besucher- und Informationszentren des Naturschutzbundes (NABU) Deutschland in Dömitz und Gartow sowie die Vertretungen und Info-Büros des Bundes für Umwelt und Naturschutz Deutschland (BUND) in Lenzen und Dannenberg.
Zwar gibt es auch an der Elbe bereits seit Jahrhunderten Deichbaumaßnahmen, Flußregulierungen und Trockenlegungen, aber dennoch hat sich hier eine noch weitgehend ökologisch intakte Stromlandschaft erhalten. Einen naturkundlich besonders beeindruckenden Abschnitt des über 1000 Kilometer langen Flusses finden wir im Bereich von der Havelmündung bis zum schleswig-holsteinischen Lauenburg. Das Gebiet ist ein Refugium von internationaler Bedeutung für Lebensgemeinschaften der ursprünglichen Flußauen in Mitteleuropa. Weite Flußschleifen und Altarme, ausgedehnte Überflutungsräume, extensive Feuchtgrünländer, herrliche Auwaldreste und bewaldete Steilufer prägen das Landschaftsbild und stellen im dichtbesiedelten Mitteleuropa nicht nur eine Landschaft von hohem naturschützerischem, sondern auch ästhetischem Wert dar. Die natürliche Dynamik der wechselnden Wasserstände bei Hoch- und Niedrigwasser ermöglicht eine faszinierende Vielfalt von Lebensräumen. Die enge Verzahnung trockener und feuchter Ökosysteme schafft die Lebensgrundlage für viele Tier- und Pflanzenarten.

Die Lebensräume und ihre Tier- und Pflanzenarten

Unter den über 1000 Gefäßpflanzenarten in der Elbtalaue ist eine ganze Reihe sonst schon seltener Arten, die hier zum Teil

Der Weißstorch gilt als der Charaktervogel der Elbtalaue und kann – wie hier in Rühstädt – zur Brutzeit auf vielen Hausdächern beobachtet werden (oben).

Die vielen elbnahen Feuchtlebensräume bieten auch den Amphibien, so z. B. dem seltenen Laubfrosch, günstige Lebensbedingungen (unten).

besondere Ausbreitungsmöglichkeiten finden. So können beispielsweise kontinental-subkontinentale Arten der trocken geprägten Klimabereiche des Ostens weit in den atlantischen Klimabereich bis Schleswig-Holstein und Hamburg vordringen, wie die östlichen Stromtalpflanzen Gottesgnadenkraut, Brenndolde und Filzige Pestwurz, die zum Teil noch am Elbufer zwischen Geesthacht und Lauenburg nachgewiesen werden können. Das gleiche gilt auch für Tierarten wie die Feldgrille, die Wespenspinne oder die Gestreifte Zartschrecke, eine Heuschrecke, die als typischer Stromtalwanderer bereits Hamburg erreicht hat.
Die vielen Weißstörche, die mit über 200 Paaren in der Elbtalaue brüten, sind nicht nur die auffälligsten Vögel, sie zeigen auch an, daß hier noch zahlreiche Feuchtflächen für ihre Nahrungssuche vorhanden sind. Der Tisch ist reich gedeckt. Neben einer Vielfalt an Wirbellosen und Kleinsäugern kommen auch zwölf verschiedene Amphibienarten vor, von denen vor allem die Rotbauchunke, der Laub- und Moorfrosch sowie die Kreuz- und Knoblauchkröte typisch sind. Auch der scheue nahe Verwandte des Weißstorchs, der Schwarzstorch, brütet hier, ebenso wie andere vogelkundliche Raritäten, z. B. Seeadler, Kraniche, Neuntöter, Raubwürger, Wachtelkönige und Sperbergrasmücken. Insgesamt brüten über 150 verschiedene Vogelarten im Gebiet, was auf die besondere Vielfalt an Lebensräumen hinweist. Ebenso dokumentiert die Vielzahl der durchziehenden und rastenden Vögel die Bedeutung der Region in eindrucksvoller Weise. Neben den Kranichen, die sich hier sammeln, bevor sie in ihre Winterquartiere auf der Iberischen Halbinsel ziehen, bevölkern Scharen von Pfeif-, Krick-, Tafel- und Löffelenten, Gänsesägern, aber auch Zwerg- und Singschwänen die Vorländer und großen Überschwemmungsflächen entlang der Elbe. Zehntausende von Saat- und Bläßgänsen, die sich gut vom Deich aus beobachten lassen, faszinieren den frierenden Ornithologen zur kalten Jahreszeit. Auch Watvögel (Limikolen) wie Wasserläufer, Grünschenkel, Steinwälzer und verschiedene Strandläufer sind auf dem Zug artenreich vertreten. Kiebitz, Großer Brachvogel, Rotschenkel, Uferschnepfe und andere im Gebiet brütende Wiesenlimikolen bereiten den Ornithologen derzeit einige Sorgen, da ihre Bestände durch Entwässerungsmaßnahmen auffallend zurückgegangen sind.

Von den etwa 40 Säugetierarten ist neben dem Fischotter vor allem der Elbebiber zu erwähnen, der nach Bestandsrückgängen im Jahre 1925 nur noch 100 Exemplare an der gesamten Elbe zählte. Heute allerdings haben sich hier, wie in ganz Deutschland, die Bestände wieder erfreulich erholt. Von den schätzungsweise bundesweit 5000 Tieren kommen 1700 wieder an der Elbe vor. 1989 wurden die ersten Tiere am niedersächsischen Elbufer gesichtet, und bei geeigneten Lebensräumen ist mit einer weiteren Ausbreitung dieses liebenswerten Plattschwanzes zu rechnen. Eine Rückkehr der einst auch wirtschaftlich wichtigen, aber inzwischen vor allem durch die Verschmutzung und den Flußverbau ausgestorbenen Fischarten wie Lachs, Schnäpel, Stör und Maifisch wäre natürlich ebenso erfreulich.
In der Elbe und den Seitenflüssen finden wir noch verbreitet Fischarten wie Hecht, Zander, Aal, Schlammpeitzger, Moderlieschen und Zope, aber auch Weichtierarten wie Maler- und Teichmuschel.
Auch Flutrinnen, Altarme, Bracks und Haken, kleine von dem Fluß geschaffene Seitengewässer, Sümpfe und Temporärgewässer sind interessante Wasserlebensräume sowohl vor als auch hinter den Deichen. Seekanne, Krebsschere, Teich- und Seerose und verschiedene Schwimmkräuter leben im Wasser, am Ufer stehen Sumpf-Wolfsmilch, Blutweiderich und Schwanenblume. Trauerseeschwalben, verschiedene Rohrsängerarten, Wasserrallen, Zwergtaucher, Sumpfschildkröten, Seefrösche und Fische wie Bitterling und Schlammpeitzger sind hier anzutreffen.
Kleine Temporärgewässer und die sogenannten Qualm- oder Drängewasser, die aufgrund des eiszeitlich bedingten sandigkiesigen Untergrunds unter dem Deich durchtreten können und als Wasserflächen zutage kommen, beherbergen verschiedene, zum Teil für die Region typische Krebs- und Amphibienarten.
Schlammufer und Spülsäume dienen interessanten Pflanzenarten als Lebensraum: Schlammkraut, Elbe-Spitzklette, Sumpfquendel, Wiesenalant, Schnittlauch, Wilder Reis und Zyperngras-Segge. Hier, wie auch auf vegetationsfreien Sand- und Schlammufern, leben auch interessante Wirbellosenarten der Käfer, Spinnen und Zweiflügler. Sand- und Flußregenpfeifer brüten an einigen Stellen. In den Röhrichten und Seggen-

riedern fasziniert die Vielfalt der Gesänge der Rohrsänger, aber auch Tüpfelralle, Rohrdommel und Bekassine sind hier anzutreffen.
Im Stromtalgrünland, das mehr oder weniger oft überflutet wird und meist als Feuchtgrünland ausgebildet ist, finden wir Kanten-Lauch, Brenndolde, Gottesgnadenkraut, Wiesen-Silau und andere Pflanzen. Kraniche, Limikolen, Brandgänse, Braunkehlchen und andere Vogelarten kommen hier vor. Säume der Geesthänge, Talränder, wärmeliebende Gebüsche und extensiv genutzte Marschgrünländer spielen eine wichtige Rolle als angrenzende Lebensräume, ebenso wie die Dörfer, die neben den Dorfpflanzen auch an den Menschen gebundene Tierarten, wie verschiedene Fledermausarten, in alten Gemäuern und Dachstühlen beherbergen können.
Ein besonderer Lebensraum sind die Auwälder, die als Weich- oder Hartholzaue ausgebildet sein können. In der Hartholzaue wachsen neben Feldulme, Flatterulme, Esche und Feld-Ahorn vor allen Dingen Stieleichen, die als Reste alter Auwälder oft auch vereinzelt vor den Deichen stehen. Geschlossene Auwälder, wie das Elbholz bei Gartow oder an der Dömitzer Brücke, gehören heute zu den besonders seltenen und gefährdeten Lebensräumen. Die Weichholzauen entwickeln sich oft nahe der Elbe-Wasserlinie als Pappel-Silberweidenwald oder Korb- und Mandelweidengebüsch. Schwarzpappeln können am Elbufer bisweilen eine beachtliche Größe erreichen. Einen ungeheuren Reichtum an Insekten und anderen Wirbellosen findet man in den Wäldern und Gebüschen, z. B. den stark gefährdeten Hirschkäfer, den Großen Eichen-Bockkäfer, der als Larve in Eichenholz lebt, und die Schmetterlingsarten Großer und Kleiner Eisvogel sowie Kleiner Schillerfalter. Verschiedene Fledermausarten leben in den Auwäldern. Mehrere Spechtarten, auch Schwarz- und Kleinspecht, Zwergschnäpper, Pirol, Schwarzstorch, Beutelmeise, Flußuferläufer sowie Schwarz- und Rotmilan sind nur einige der typischen Vogelarten. Besonders artenreich sind die verschiedenen Trockenlebensräume, die wir als Magerrasen, Sandtrockenrasen, offensandige Dünen, aber auch als alte, zurückliegende Sanddeiche antreffen. Bauernsenf, Feld-Mannstreu, Grasnelke, Knorpellattich, Heidenelke, Echte Hundszunge, Wiesen-Kuhschelle, Esels-Wolfsmilch und andere Gewächse finden nur noch in den für andere Pflanzenarten zu trockenen Lebensräu-

Zu dem vielfältigen Mosaik feuchter und trockener Lebensräume der Elblandschaft gehören auch die Binnendünen, wie hier bei Klein Schmölen in der Nähe von Dömitz.

men ausreichende Existenzbedingungen. Auch die Fauna mit zahlreichen wärmeliebenden Wirbellosenarten aus den Gruppen der Käfer, Schmetterlinge, Heuschrecken, Hautflügler, Sand- und Grabwespen, Sandohrwurm, Westliche Beißschrecke und Warzenbeißer oder Schmetterlingsarten wie Schwalbenschwanz, Blutströpfchen, Wolfsmilchschwärmer, Schachbrett und Kleiner Perlmuttfalter seien nur als Beispiele genannt.

Naturschutz

Da die Elbe das letzte noch weitgehend naturnahe, unverbaute deutsche Stromökosystem mit starker Hochwasserdynamik und repräsentativen Beständen typischer Lebensräume ist, ergibt sich für den Naturschutz in Deutschland und darüber hinaus in Europa eine besondere internationale Verpflichtung für ihren Schutz. Durch den Erhalt der Naturvielfalt und die Entwicklung eines naturverträglichen Tourismus können sich zudem auch besondere Chancen für die gesamte Region ergeben.

Ausufernder Tourismus stellt für die Elbe und ihre Auenlandschaft ebenso eine Gefahr dar wie Deichbaumaßnahmen, Staustufen, Vertiefungen, Uferbefestigungen, Verschmutzungen und Industrieansiedlungen.

So vielfältig wie die Gefährdungen der Elbtalaue sind allerdings auch die Aktivitäten zu ihrem Schutz: Zahlreiche Naturschutzgebiete, verschiedene Naturparks und andere Schutzgebiete säumen die Elbe. Der im März 1998 entlang dem niedersächsischen Teil der Elbe von Radegast bis Schnackenburg eingerichtete Nationalpark Elbtalaue wurde im Jahr 1999 leider wieder aufgehoben. Dieser Nationalpark sicherte vor allem die Überflutungsflächen der Elbe zwischen den beiderseitigen Hochwasserdeichen für den Naturschutz.

Die Schutzgebiete entlang der Elbe stellen mit ihrem hohen Schutzstatus die naturschutzbetonten Kernbereiche des von der UNESCO im Rahmen ihres Programmes „Der Mensch und die Biosphäre“ (MAB) inzwischen anerkannten Biosphärenreservats Flußlandschaft Elbtal dar. Dieses länderübergreifende Großschutzgebiet entlang der Elbe von Brandenburg und Sachsen-Anhalt über Niedersachsen und Mecklenburg-Vorpommern bis ins Lauenburgische in Schleswig-Holstein

Flußlandschaft bei Bleckede: Die natürliche Dynamik wechselnder Wasserstände bewirkt die Vielfalt der Lebensräume im Überflutungsbereich der Elbe (oben).

Das Natur- und Umweltzentrum in Bleckede, das Elbtal-Haus, bietet dem Besucher vielfältige Naturinformationen über die Elblandschaft (unten).

ist mit rund 375 000 Hektar eines der größten Biosphärenreservate Europas.
Interessante Aspekte des Naturschutzes sind die vorgeschlagenen Rückdeichungsmaßnahmen bei Schnackenburg oder in der Seege-Niederung bei Gorleben sowie eine geplante Rücknahme des Deiches bei Lenzen. Damit können nicht nur neue und wichtige Lebensräume wie Auwälder, Stromtalgrünland oder Altarme geschaffen werden; auch eine mögliche Hochwassergefahr für die Deiche wird durch Schaffung weiterer Überflutungsflächen entschärft. Die Hochwasser an Rhein und Oder in den letzten Jahren haben die Bedeutung von Flußauen und unverbauter Flußlandschaft auch mit ihren ökonomischen Konsequenzen deutlich gemacht. Zusätzliche Überschwemmungszonen erhöhen zudem die Selbstreinigung des Flusses. Die vielfältigen Aktivitäten zur Reinhaltung der Elbe, die vor allem bei der Vermeidung von Einträgen ansetzen, können darüber hinaus zu einer spürbaren Entlastung der Nordsee von Schad- und Nährstoffen führen. Und vielleicht wird eines Tages auch wieder der einstige Fischreichtum des „Weißen Flusses“, wie ihn die Slawen und Römer nannten, zurückgekehrt sein.

Informationen von A bis Z

■ Anreise

Die Anreise per Auto oder per Bahn nach Hamburg oder Wittenberge ist problemlos. Zwischen diesen beiden Städten liegt auch eine Reihe von Bahnstationen, die es ermöglichen, Ausflüge zu machen oder Teilstrecken der Gesamttour zurückzulegen. Günstige Ausgangsbahnhöfe direkt an der Elbe liegen in Lauenburg, Hitzacker und Dömitz, aber auch Lüneburg, Winsen/Luhe, Dahlenburg und Dannenberg kommen in Frage.
Für die Anreise per Rad kann man über den Radfernweg Hamburg–Schnackenburg gut von Hamburg aus starten; Lüneburg erreichen wir über Radfernwege von Hannover oder Braunschweig aus; Radfernwege von Uelzen führen nach Dömitz und auch nach Schnackenburg; aus Richtung Norden können wir von Ludwigslust über einen Radweg nach Dömitz gelangen.

Reisezugauskunft Hamburg
☎ 0 18 05/99 66 33

Reisezugauskunft Lauenburg
☎ 0 41 53/1 94 19

Bahnhof Hitzacker
☎ 0 58 62/2 69

Bahnhof Dannenberg
☎ 0 58 61/22 96

Bahnhof Wittenberge
☎ 0 38 77/9 70

■ Ausflugsfahrten

Ausflugsfahrten per Schiff werden auf der Elbe zahlreich angeboten. Neben Hamburg, Lauenburg, Bleckede, Hitzacker und Wittenberge dienen auch verschiedene kleinere Orte als Ausgangsstationen (siehe „Der besondere Tip, Bootstouren auf der Elbe“).

■ Elbquerungen

Neben dem Elbtunnel und den Brücken bei Hamburg und Wittenberge gibt es nur bei Lauenburg, Geesthacht und Dömitz eine Straßenbrücke. An einigen Stellen führen aber Auto- und Personenfähren über den Fluß.

■ Fährverbindungen

Neben den Autobrücken über die Elbe gibt es regelmäßige Fährdienste über den Strom, die meist vom frühen Morgen bis 19 oder 21 Uhr im Einsatz sind. Es empfiehlt sich aber, sich vorher zu erkundigen. Bei Eisgang und Hochwasser, das an der Elbe auch im Sommer auftreten kann, müssen einige Fähren ihren Dienst einstellen.

21037 Hamburg
Elbfähre Zollenspieker/ Hoopte
☎ 0 40/7 68 41 94

21354 Bleckede
Elbfähre Bleckede
OT Brackede/Boizenburg
☎ 03 88 47/4 98 16; an Bord 01 71/4 82 31 52 (nicht regelmäßig, bes. an Wochenenden)

Fähre Bleckede/Neu Bleckede
Autofähre „Amt Neuhaus"
☎ 0 58 52/22 55

29490 Neu Darchau
Auto- und Personenfähre Neu Darchau/Darchau
☎ 0 58 53/13 22 oder Gemeinde Neu Darchau 0 58 53/13 56

29456 Hitzacker
Fähre Hitzacker/Bitter
☎ 01 71/5 23 18 75
Nicht ständig verkehrende Fähre für Personen- und Fahrradtransport, Abfahrtzeiten direkt oder bei der Tourist-Information Hitzacker (☎ 0 58 62/9 69 70) erfragen!

19309 Lenzen/Elbe
Fähre Pevestorf/Lenzen
Fährbetrieb E. Butchereit
Hamburger Torstraße 12a
☎ 03 87 92/76 65

29493 Schnackenburg
Fähre Schnackenburg/ Lütkenwisch
Fährbetrieb Klaus Reineke
Gartenstraße 7
☎ 0 58 40/4 47

■ Information

21354 Bleckede
Verkehrsverein Bleckede
Rathaus
☎ 0 58 52/9 77 22

19252 Boizenburg
Stadtverwaltung Boizenburg/Elbe
Kirchplatz 1
☎ 03 88 47/62 60

29451 Dannenberg
Gäste-Information
Am Markt 5/6
☎ 0 58 61/80 81 90

19303 Dömitz
Dömitz Information
Auf der Festung
☎ 0 38 77 58/2 24 01

29471 Gartow am See
Kurverwaltung
Nienwalder Weg 1
☎ 0 58 46/3 33

21502 Geesthacht
Stadt Geesthacht Tourist-Information
Krügersches Haus
Bergedorfer Straße 28
☎ 0 41 52/13–278,
Fax 0 41 52/7 89 67

20095 Hamburg
Tourismus-Zentrale
Hamburg GmbH
Steinstraße 7
Postfach 102249
☎ 0 40/3 00 51-3 00,
Fax 0 40/3 00 51-3 33
Internet: http://www.hamburg-tourism.de
e-Mail: info@hamburg-tourism.de
Hotline für Hotelreservierungen, Kartenbestellungen etc:
☎ 0 40/30 05 13 00,
tgl. 8–20 Uhr.

29456 Hitzacker
Kurverwaltung/Tourist-Information
Weinbergsweg 2
☎ 0 58 62/9 69 70

21481 Lauenburg/Elbe
Stadt Lauenburg, Der Magistrat
Abt. für Touristik und Kultur
Amtsplatz 6
☎ 0 41 53/59 09 80/81,
Fax 0 41 53/58 24 22

19309 Lenzen/Elbe
Stadtbetrieb Lenzen
Frd.-Ludwig-Jahn-Str. 8
☎ 03 87 92/73 02

29439 Lüchow
Gäste-Information
Theodor-Körner-Straße 4
☎ 0 58 41/12 62 49–2 51

19273 Neuhaus
Amt Neuhaus
Gäste-Information
Rathaus, Am Markt 4
☎ 03 88 41/2 07 47

29493 Schnackenburg
Stadt Schnackenburg
Elbstraße 9
☎ 0 58 40/2 25 u. 4 14

19322 Wittenberge
Stadtinformation
Bahnstraße 59
☎ 0 38 77/90 42 19

■ Jugendherbergen

21502 Geesthacht
Berliner Str. 117
☎ 0 41 52/23 56,
Fax: 0 41 52/7 79 18

22111 Hamburg
Horner Rennbahn
Rennbahnstr. 100
☎ 0 40/6 51 16 71,
Fax: 0 40/6 55 65 16

20459 Hamburg
Auf dem Stintfang
Alfred Wegener Weg 5
☎ 0 40/31 34 88,
Fax: 0 40/31 54 07

29456 Hitzacker
Wolfsschlucht 2
☎ 0 58 62/2 44,
Fax: 0 58 62/77 67

21481 Lauenburg/Elbe
Am Sportplatz 7
☎ 0 41 53/25 98,
Fax: 0 41 53/23 10

■Museen

19258 Boizenburg
Heimatmuseum
Kirchplatz 1
☎ 03 88 47/5 20 74
Di.-Fr. 10–12 u. 14–16, So. 14–16 Uhr.

Erstes Deutsches Fliesenmuseum Boizenburg e.V.
Reichenstr. 4
☎ 03 88 44/2 14 30
Di.–So. 10–12 u. 14–16 Uhr.

29451 Dannenberg
Heimatmuseum Waldemarturm
Am Amtsberg
☎ 0 58 61/80 81 96
Mi., Fr., Sa., So., Feiertag 14.30–17 Uhr.

Feuerwehrmuseum Neu Tramm
Am Breselenzer Weg 13
☎ 0 58 61/71 40
15. April bis 31. Oktober Sa., So. und an Feiertagen 10–16, 16. Juni bis 30. September auch Mi.–Fr. 14–16 Uhr.

19303 Dömitz
Museum Dömitz
Auf der Festung
☎ 03 87 58/2 24 01

21502 Geesthacht
Krügersches Haus
Bergedorfer Str. 28
☎ 0 41 52/83 59 79
Di., Do. u. Fr. 10–14 Uhr.

29473 Göhrde
Waldmuseum
König-Georg-Allee 5
☎ 0 58 55/6 75
März bis Oktober
Di.–Sa. 14–17, So. 10–12 u. 14–17 Uhr.

20095 Hamburg
Kunsthalle
Glockengießerwall
☎ 0 40/24 86 26 12
Di.–So. 10–18, Do. bis 21 Uhr.

Deichtorhallen
Deichtorstr. 1–2
☎ 0 40/32 10 30
Di.–So. 11–18 Uhr.

20355 Hamburg
Museum für Hamburgische Geschichte
Holstenwall 24
☎ 0 40/35 04 23 60/80
Di.–Sa. 10–17, So. 10–18 Uhr.
Außenstellen:
KZ-Gedenkstätte Neuengamme,
Jean-Dolidier-Weg 39
21039 Hamburg
☎ 0 40/7 23 74 03
April bis September Di.–Fr. 10–17, Sa. u. So. 10–18 Uhr; Oktober bis März Di.–So. 10–17 Uhr.

Museum für Bergedorf und die Vierlande
Bergedorfer Schloß 24
21029 Hamburg
☎ 0 40/72 52 25 09
Di.–Do. u. Sa. u. So. 10–17 Uhr.
Krameramtswohnungen
Krayenkamp 10
20459 Hamburg
☎ 0 40/36 58 00
Di.–So. 10–17 Uhr.

22765 Hamburg
Altonaer Museum – Norddeutsches Landesmuseum
Museumstr. 23
☎ 0 40/3 80 75 14
Di.–So. 10–18 Uhr.
Außenstellen:
Jenisch-Haus
Baron-Voght-Str. 50
22609 Hamburg
☎ 0 40/82 87 90
April bis September Di.–So. 10–17, Oktober bis März 10–16 Uhr.

Rieck-Haus
Curslacker Deich 284
21039 Hamburg
☎ 0 40/7 23 12 23
April bis September Di.–So. 10–17, Oktober bis März 10–16 Uhr.

20457 Hamburg
Deutsches Zollmuseum
Alter Wandrahm 16
☎ 0 40/3 39 76-3 86 o. -3 29
Di.–So. 10–17 Uhr.

Hot Spice Gewürzmuseum
Am Sandtorkai 32
☎ 0 40/36 79 89
Di.–So. 10–17 Uhr.

22609 Hamburg
Ernst Barlach Haus
Stiftung Hermann F. Reemtsma
Jenischpark/Baron-Voght-Str. 50a
☎ 0 40/82 60 85
Di.–So. 11–17 Uhr.

22763 Hamburg
Museumshafen Övelgönne
Anleger Neumühlen
☎ 0 40/39 73 83

20359 Hamburg
Museumsschiff „Rickmer Rickmers“
Bei den St. Pauli-Landungsbrücken, Brücke 1a
☎ 0 40/3 19 59 59
Tgl. 10–18 Uhr.

20459 Hamburg
Museumsschiff „Cap San Diego“
Überseebrücke
☎ 0 40/36 42 09
Tgl. 10–18 Uhr.

29456 Hitzacker
Walter-Honig-Heimatmuseum
Zollstraße 2
☎ 0 58 62/88 38
Di.–Fr. 14.30–17.30, Sa. u. So. 11–17 Uhr.

Archäologisches Zentrum
Hitzacker See
☎ 0 58 62/67 94
April u. Oktober Mi.–Fr. 10–16; Sa. u. So. 11–17 Uhr; Mai bis September Mi.–Fr. 10–18, Sa. u. So. 11–17 Uhr.

29482 Küsten
Freilichtmuseum Lübeln
Wendlandhof
☎ 0 58 41/36 75
April u. Oktober Di.–So. 14–18 Uhr; Mai bis September tgl. 10–18 Uhr.

21481 Lauenburg/Elbe
Elbschiffahrtsmuseum
Elbstraße 59
☎ 0 41 53/5 12 51
März bis Oktober tgl. 10–13 u. 14–17 Uhr, November bis Februar Mi., Fr., Sa. u. So. 10–13 u. 14–16.30 Uhr.

19309 Lenzen/Elbe
Burgmuseum
Burgstr. 3 c
☎ 03 87 92/72 91
Mi.–Fr. 13–17, Sa. u. So. 9–12 u. 13–17 Uhr.

29439 Lüchow
Amtsturm-Museum
Amtsweg
☎ 0 58 41/48 44
April bis Oktober Mi., Sa., So. u. an Feiertagen 14–17, So. u. an Feiertagen auch 10–12 Uhr.

29493 Schnackenburg
Grenzlandmuseum
Fischerhaus
Am Markt 3
☎ 0 58 40/2 10
Mai bis September Sa. 13–17, So. 10–17 Uhr; Oktober bis April So. 10–17 Uhr, Gruppen nach Anmeldung.

29478 Vietze-Höhbeck
Museum/Heimatmuseum der Gartower Landschaft Vietze
☎ 0 58 46/5 32 u. 4 07 u. 15 89
April bis Oktober Mi., Sa., So. u. an Feiertagen 17–18 Uhr u. nach Vereinbarung.

21423 Winsen/Luhe
Museum im Marstall
Schloßplatz 11
☎ 0 41 71/34 19
Di.–Fr. 15–18, Sa. u. So. 10–13 u. 15–18 Uhr.

19322 Wittenberge
Stadtmuseum Alte Burg
Putlitzstraße 2
☎ 0 38 77/40 31 82

29462 Wustrow
Museum Wustrow (Sozial-, Wirtschafts- und Technikgeschichte)
Lange Str. 9
☎ 0 58 43/2 44
1. März bis 15. Dezember
Mo.–Do 8–16, Fr. 8–12, So. u. Feiertag 15–18 Uhr u. nach Vereinbarung.

■ Musikveranstaltungen und Konzerte

Das Angebot an Konzerten ist reichhaltig, und verschiedene Veranstaltungen sind weit über die Region hinaus bekannt. Besonders zu erwähnen sind der „Musikalische Frühling" im Bleckeder Schloß, die „Musikwoche Hitzacker" und die „Sommerlichen Musiktage Hitzacker", die „Schubertiade" in Schnackenburg, Schloß- und Orgelkonzerte in Gartow, die „Kulturwoche" in Dahlenburg, die „Kammermusikwoche" in Dannenberg sowie das „Schleswig-Holstein Musikfestival".

■ Natur- und Umweltschutz

Die Elbtalaue besitzt eine außerordentliche Vielfalt an feuchten und trockenen Ökosystemen, die einer reichen Tier- und Pflanzenwelt Lebensraum bietet. Neben den Naturparkverwaltungen gibt es viele Naturschutzverbände und Informationsstellen, die sich bemühen, den interessierten Besuchern und Einheimischen die Schutzwürdigkeit der Elbelandschaft näherzubringen sowie die reiche Flora und Fauna erlebbar zu machen.

21354 Bleckede
Elbtal-Haus
Lauenburger Str. 15
☎ 0 58 52/28 99

19273 Tripkau
Naturschutzstation Elbtalaue, Bezirksregierung Lüneburg
Hauptstraße 33
☎ 03 88 45/4 02 49

19303 Dömitz
Besucherzentrum NABU
Auf der Festung
☎ 03 87 58/2 63 78

29451 Dannenberg
BUND-Elbtal-Info
Am Markt 5
☎ 0 58 61/51 88

19309 Lenzen/Elbe
Naturwacht Lenzen
Seestraße 17
☎ 03 87 92/17 01

Europäisches Zentrum für Auenökologie, Umweltbildung und Besucherinformation Burg Lenzen/Elbe, BUND
Burgstraße 3
☎ 03 87 92/8 05 23

29471 Gartow
Information Naturschutzbund (NABU) Deutschland e. V.
Auf den Kämpen 6/12
Am Juwel-Dorf
☎ 0 58 46/22 43

■ Schutzgebiet Elbtalaue

Der im März 1998 in Niedersachsen eingerichtete Nationalpark Elbtalaue, der auf einer Fläche von 10 900 Hektar die wesentlichen Überschwemmungslandschaften der Elbe von Radegart bei Bleckede bis nach Schnackenburg an der Grenze zu Sachsen-Anhalt und Brandenburg unter Schutz gestellt hatte, wurde 1999 per Gerichtsbeschluß wieder aufgehoben. Informationen über die einzelnen Schutzgebietssysteme und die Entwicklung der Schutzgebietsausweisungen geben unter anderem das Elbtal-Haus in Bleckede und die Schutzgebietsverwaltung in Hitzacker.

29456 Hitzacker
Schutzgebietsverwaltung Elbetal
Bezirksregierung Lüneburg
Am Markt 1
☎ 0 58 62/96 73-0

■ Naturparks

Beiderseits der Elbe liegen Naturparks, die der Erholungsfunktion der Landschaft, aber auch dem Schutz der Natur dienen. In Niedersachsen befindet sich einschließlich des rechtselbischen Amtes Neuhaus der Naturpark Elbufer-Drawehn, in Mecklenburg erstreckt sich der Naturpark Mecklenburgische Elbtalaue und in Brandenburg der Naturpark Brandenburgische Elbtalaue.

19258 Boizenburg
Naturparkverwaltung Mecklenburgisches Elbetal
Am Elbberg 20
☎ 03 88 47/5 29 21

29439 Lüchow
Tourist-Information Wendland-Elbufer-Drawehn
Königsberger Straße 10
☎ 0 58 41/12 02 63

19322 Rühstädt
Naturparkverwaltung Brandenburgische Elbtalaue
Neuhausstr. 9
☎ 03 87 91/72 85

■ Radfahren

Radfahren ist fast überall an der Elbe oder zumindest in der Nähe des Flusses möglich. Vereinzelt ist es erlaubt, auf den Deichen zu fahren, aber meistens muß man auf den befestigten Wegen dahinter bleiben. Der Radfernweg von Hamburg nach Schnackenburg ist auf ganzer Strecke gut mit grünen Schildern und Pfeilen markiert. In einzelnen Regionen, wie z. B. an der Alten Salzstraße zwischen Lübeck und Lüneburg, im Wendland oder in der Lenzener Wische, gibt es eine Vielzahl ausgearbeiteter Rundtouren. Informationen zum Radwandern und zu geführten Touren gibt es bei den einzelnen Fremdenverkehrsverbänden, beim Förderkreis der norddeutschen Fernradwege GbR und beim Allgemeinen Deutschen Fahrrad-Club (ADFC).

29471 Gartow/Elbe
Förderkreis der norddeutschen Fernradwege GbR
Prezeller Weg 23
☎ 0 58 46/93 10, Fax: 93 12

28209 Bremen
ADFC-Bundesverband Bundesgeschäftsstelle
Hollerallee 23
☎ 04 21/34 62 90

ADFC Landesverbände:

Niedersachsen
Rambergstr. 17
30171 Hannover
☎ 05 11/3 48 23 22

Hamburg
Arnoldstr. 63
22763 Hamburg
☎ 0 40/39 39 33

Schleswig-Holstein
Jeßstr. 25
24114 Kiel
☎ 04 31/6 31 90

Mecklenburg-Vorpommern
Lange Str. 14
17489 Greifswald
☎ 0 38 34/89 74 1

Brandenburg
Lindenstr. 53
14467 Potsdam
☎ 03 31/2 80 05 95

■ Wandern

Wandermöglichkeiten gibt es entlang der Elbe reichlich. Meist haben die örtlichen Fremdenverkehrsverbände einige Strecken ausgearbeitet. Der Elbeuferwanderweg erschließt die gesamte Strecke von Schnackenburg über Hitzacker, Lauenburg und Hamburg bis nach Wedel. Teilabschnitte Europäischer Hauptwanderwege führen entlang der Elbe zwischen Lauenburg und Bleckede (E 6 Ostsee – Wachau – Adria) und von Reinbek über Bergedorf und Blankenese nach Cranz (E 1 Flensburg – Genua). Informationen erteilt neben den Fremdenverkehrsverbänden und Naturpark-Verwaltungen der Wanderverband Norddeutschland.

20097 Hamburg
Wanderverband Norddeutschland e.V.
Spaldingstraße 160 B
☎ 0 40/23 00 86
Di. 11–17 Uhr

Literatur und Karten

Literatur:

ARBEITSGEMEINSCHAFT DER LANDESANSTALTEN UND -ÄMTER FÜR NATURSCHUTZ UND BUNDESAMT FÜR NATURSCHUTZ (1994): Die Elbe und ihr Schutz – Eine internationale Verpflichtung. Natur und Landschaft 69, 239–250.
BENTLIN, A. (1995): Am Strom entlang – Elbe Fahrradführer Magdeburg bis Cuxhaven. Moby Dick, Kiel, 152 S.
BRENKEN, A. (1993): Hamburg. Ellert & Richter, Hamburg, 304 S.
CZAYA, E. (1995): Die Elbe. Vom Riesengebirge zur Nordsee. DuMont, Köln, 488 S.
ECKERT, G. (1988): Unsere Elbe – Besucht und erlebt zwischen Schnackenburg und Cuxhaven. Husum Druck- und Verlagsgesellschaft, Husum, 126 S.
FREMDENVERKEHRSFÖRDERGESELLSCHAFT WENDLAND, ELBUFER, DRAWEHN (Hrsg.) (1996): Im Wendland geht's rund. Die 22 schönsten Radtouren. Lüchow, 93 S., mit Karten 1:50 000.
GRIMM, U., GRAMCKOW, R. (1983): Mittelelbe und Drawehn – Lebensräume, Flora und Fauna im Hannoverschen Wendland. Abh. d. Naturwiss. Ver. in Hamburg (NF) 25, 1–413.
JÜNGEL, K. (1993): Die Elbe – Geschichte um einen Fluß. Anita Tykve, Böblingen, 223 S.
KNABENSCHUH, D. (1994): Abenteuer Radwandern. Sehenswertes am Rande: Radfernweg Hamburg–Schnackenburg. FDNF Fahrradtouristik GbR, Gartow/Elbe, 130 S. u. Karte 1:75 000.
KNABENSCHUH, D. (1995): Wendland, Elbufer, Drawehn. FDNF Fahrradtouristik GbR, Gartow/Elbe, 207 S.
MEIER-PEITHMANN, W., NEUSCHULZ, F. UND PLINZ, W. (1986): Lebensbilder aus der Vogelwelt zwischen Elbe und Drawehn. Avifaunistische Arbeitsgemeinschaft für Lüchow und Dannenberg, Lüchow, 208 S.
NEUSCHULZ, F., PLINZ, W. UND WILKENS, H. (1994): Die Elbtalaue – Landschaft am großen Strom. Naturerbe, Überlingen, 145 S.
SIETZ, H. (1996): Radwanderweg Elbe. Von Cuxhaven bis Magdeburg. Fink-Kümmerly u. Frey, Ostfildern, 128 S.

SPERBER, A., HOFFMANN, G., LÜTTEN, H. UND SCHRÖDER, W. (1981): Vier- und Marschlande. Christians, Hamburg, 129 S.
TSCHECHNE, W. (1995): Die Elbe – Von der Quelle bis zur Mündung. Ellert & Richter, Hamburg, 96 S.

Karten:

Naturpark Elbufer-Drawehn (1991). Topographische Karte 1:50 000 mit Wander- und Reitwegen. LVA Niedersachsen, Hannover.
Lüneburger Heide/Hannover (1992). ADFC-Radtourenkarte Nr. 7 1:150 000, Mairs, Ostfildern. Offizielle Karte des Allgemeinen Deutschen Fahrrad-Clubs e. V.
Havelland, Magdeburger Börde (5. Auflage 1997). ADFC-Radtourenkarte Nr. 8 1:150 000, Mairs, Ostfildern.

Register

Seitenzahlen, die mit einem zusätzlichen (R) oder (W) versehen sind, verweisen auf eine Rad- bzw. Wandertour.

Die Deutsche Bibliothek – CIP-Einheitsaufnahme

Reinke, Hans-Dieter:
Die Elbe von Hamburg bis zum Wendland / Hans-Dieter Reinke. –
Hamburg : Ellert und Richter, 1999
(Ellert-&-Richter-Reiseführer)
ISBN 3-89234-829-4

Text und Bildlegenden: Hans-Dieter Reinke, Boksee
Lektorat: Dirk Brietzke, Hamburg
Gestaltung: Büro Hartmut Brückner, Bremen
Satz und Lithographie: KCS GmbH, Buchholz/Hamburg
Druck: C. H. Wäser Offset GmbH, Bad Segeberg
Bindung: S. R. Büge, Celle

Bildnachweis:
Fotos: Hans-Dieter Reinke, Boksee
Karten: Frank Thamm Publishing & Service, Bosau

Alle Angaben in diesem Reiseführer sind mit Sorgfalt zusammengestellt worden, jedoch ohne jegliche Gewähr. Redaktionelle Angaben: Stand März 1999. Wenn Sie Ergänzungs- und Berichtigungsvorschläge haben, schreiben Sie bitte an: Ellert & Richter Verlag GmbH, Friedensallee 7–9, 22765 Hamburg.